김두관,
미래와의
대화

김두관, 미래와의 대화

1판 1쇄 발행 2018. 7. 16.
1판 5쇄 발행 2018. 7. 20.

지은이 김두관

발행인 고세규
편집 김윤경, 이한경 | 디자인 정지현
발행처 김영사
등록 1979년 5월 17일(제406-2003-036호)
주소 경기도 파주시 문발로 197(문발동) 우편번호 10881
전화 마케팅부 031)955-3100, 편집부 031)955-3200 | 팩스 031)955-3111

값은 뒤표지에 있습니다.
ISBN 978-89-349-8219-7   03320

홈페이지 www.gimmyoung.com   블로그 blog.naver.com/gybook
페이스북 facebook.com/gybooks   이메일 bestbook@gimmyoung.com

좋은 독자가 좋은 책을 만듭니다.
김영사는 독자 여러분의 의견에 항상 귀 기울이고 있습니다.

이 도서의 국립중앙도서관 출판예정도서목록(CIP)은 서지정보유통지원시스템 홈페이지
(http://seoji.nl.go.kr)와 국가자료공동목록시스템(http://www.nl.go.kr/kolisnet)에서
이용하실 수 있습니다.(CIP제어번호 : CIP2018021073)

김두관,

미래와의

대화

김두관 지음

유러피언 드림을 넘어, 새로운 길은 어디에서 열리는가

김영사

0 대한민국 플랫폼 리셋
2 – 삶, 사람, 민주주의

모든 사람을 위한 번영

독일의 '사회 시장경제' 모델

한국의 '대동 시장경제' 모델

연방제와 자치 · 분권의 시대

사회 연방국가로 번영과 통일을 이룬 독일

한국형 연방제와 자치 · 분권 모델

독일보다 늦었지만 가장 멋진 통일을

'신의 옷자락을 잡은' 독일 통일

한반도에서 가장 멋진 통일을

내 삶에 힘이 되는 정당으로

독일의 수준 높은 정당 정치 문화

한국의 새로운 정당 경영, 무엇을 어떻게 해야 할까

0 3 새로운 미래
- 청년들의 꿈이 이뤄지는 나라

4차 산업혁명은 새로운 기회

4차 산업혁명을 선도하는 독일

4차 산업혁명으로 만드는 뉴 코리아 경제 모델

교육혁명과 창업은 인간 해방

청년 학생의 천국에서 창업 메카로

청년이 '도전'할 수 있는 사회

통일 수도 베를린에서 분단 최전선 김포로 돌아오다

2013년 3월 11일. 나는 독일행 비행기에 몸을 실었다. 정치인생 1막이 끝나가고 있었다. 2012년 민주당 대통령 경선에서 패배하고 이후 열심히 도왔던 문재인 대통령 후보까지 패배하면서 몸과 마음은 지쳐 있었다. 조용히 출국하겠다는 뜻에도 공항까지 나와 배웅해 주던 사랑하는 동지들의 얼굴이 계속 떠올랐다. 미안했고, 답답했다. 한편으로 오래전부터 공부하고 싶었던 독일로 간다는 생각에 묘한 설렘과 기대가 올라왔다. 그렇게 독일 사회에 대한 배움은 시작되었다.

그리고 5년이 지났다. 체류 기간을 1년 거치고 귀국 후에도 기회가 될 때마다 독일을 공부하고 틈틈이 현장에 갔다. 많은 이들이 왜 독일이었냐고 묻는다. 나의 인생과 정치는 독일과 특수한 인연이 있다.

시작은 나의 큰형이다. 보릿고개 시절에 큰형은 잘살아보기 위해 독일의 탄광으로 떠났다. 1963년부터 1977년까지 나라와 가족을 위해, 또는 당신의 미래를 위해 독일행을 결심한 형님과 누나들은 약 2만 명이었다. 대한민국의 경제발전을 위해 간호사 1만 1,000여 명, 광산 노동자 9,000여 명이 독일행 비행기에 몸을 실었다. 그들은 진정한 애국자들이었다. 청년 시절부터 30~40년간 인생의 절반을 독일에서 보냈지만 조국에 대한 그리움이 마음 한구석에 항상 남아 있음을 알고 있었다.

두 번째 인연은 남해군수로 있을 때 독일의 스포츠 모델을 남해에 적용하면서 맺어졌다. 나는 지역의 수익을 올리는 방법으로 '머무는 관광'을 생각했고 스포츠 마케팅에 주목했다. 공무원들을 독일로 연수를 보냈다. 독일에서 도입한 저렴하면서도 사계절 내내 푸른 잔디를 기반으로 펼친 스포츠 마케팅은 성공적이었다.

이때 인연은 다시 '독일마을' 건설로 이어졌다. 독일마을은 산업역군으로서 최전방에 섰던 파독 광부, 간호사들이 고국에 돌아왔을 때 편안하게 노후를 보낼 수 있게 조성한 보금자리다. 교포들이 직접 독일에서 재료를 공수하여 전통 독일식 주택을 지어 마을을 만들었다. 뜻밖에 유명한 관광지가 되었고 남해의 새로운 상징이 되었다. 현재 독일마을에만 연간 200만 명이 찾고 있으며 덕분에 남해군은 연간 500만 명 방문에 5,000억 원 정도의 관광수익을 올리고 있다.

독일마을을 지을 당시 나는 독일의 여유로움과 건축 재료 하나하나에 스며든 세심함, 뛰어난 기술이 부러웠다. 독일을 배우고 싶었다. 그렇게 독일은 내 삶에 스며들었고, 2012년 대선의 쓰라린 패배를 뒤로한 채 독일행을 결정하게 되었다.

○ "도대체 누구와 정치를 하려고 그러십니까?"

> 부의 축적보다는 삶의 질을, 제한된 물질적 성장보다는 지속적인 발전을, 일만 하기보다는 놀면서 발전하는 것을, 일방적인 권력 행사보다는 세계적 협력을 우선시하는 사회.
> _《유러피언 드림》, 제레미 리프킨

독일을 더욱 주목했던 것은 노무현 대통령이 서거 직전까지 손에서 놓지 않으셨다는 제레미 리프킨의 책《유러피언 드림》의 모델 국가이기 때문이다. 독일은 노무현 대통령이 꿈꾼 '사람 사는 세상'을 구현한 곳이자, 강고한 지역주의 대신 대화와 타협의 정치가 이뤄지는 현장이었다. 노무현 대통령은 나를 키워준 스승이자 한국 사회의 문제를 해결해보려 했던 동지였다. 노무현 대통령과 함께 평생을 싸워 이뤄내고 싶었던 목표 중 하나는 '지역주의 극복'이었다. 노무현 대통령은 정치 1번지인 서울 종로에서 국회의원에 당선되고도 지역주의 벽을 깨기 위해 부산으로 내려갔다. 여러 번 선거에 도전했지만 실패했다. 그러나 국민들은 그에게 '바보'라는 애칭을 선사했다. 노무현 정신은 한국 정치사에 큰 획을 그었다.

지금까지 나는 선거에 열 번을 도전해 네 번 승리했다. 보수지역인 경남에서만 총 여덟 번 도전했는데 다섯 번 떨어졌다. 첫 선거로 1988년 만 스물아홉의 나이로 국회의원에 도전했다. 민중의당 후보로 출마해 기득권 정치와 지역주의에 강력한 경고를 보냈다. 당선과는 거리가 멀었지만 김종필 총재의 신민주공화당 후보보다 두 배를 득표하며 주민들의 마음을 얻었다. 이를 발판으로 주민들과 끊임없이 소통한 끝에 경남에서 민주진보진영으로 나와 남해군수에 두 번 당선되었다. 그리고 국회의원 선거에서 세 번 낙선, 도지사 선거에서 두 번 낙선했다. '바보 노무현'을 연호했던 사람들이 나를 '리틀 노무현'으로 부르게 된 배경이다.

노무현 대통령과는 1993년 '지방자치실무연구소'를 열었던 때부터 인연이 있었지만 본격적으로 함께하게 된 것은 2002년이었다. 어느 날 노무현 대통령이 나에게 전화를 했다. 지방선거에서 새천년민주당 후보로 도지사 선거에 나서달라는 요청이었다. 이미 세 번째 전화였다. 당시 나는 전국 인지도를 기반으로 남해군수 재선의 임기를 마치고 무소속이자 전국자치연대 대표로 경남도지사에 도전할 채비를 하고 있었다.

새천년민주당 대선 후보였던 노 대통령은 새천년민주당 경남도지사 후보를 찾고 있었지만 마땅한 사람이 없었다. 노 대통령은 이전부터 나를 염두에 두었다고 했다. 당시 보수지역 경남에서 새천년민주당으로 출마해서 당선될 가능성은 아주 낮았다. 내가 머뭇거리자 노 대통령은 역정을 내시듯 말씀하셨다.

"아니 김 군수, 도대체 누구와 정치를 하려고 그러십니까?"

나는 질 것을 뻔히 알았지만 '바보' 노 대통령의 철학과 의지에 감화해 결국 새천년민주당 도지사로 나섰다. 16.9% 득표라는 참담한 결과를 얻었지만 마음은 가벼웠다. 홀홀 털고 일어날 수 있었다.

2006년, 다시 노무현 대통령의 전화가 왔다. 그 사이 나는 참여정부 초대 행정자치부 장관을 지냈다가 2004년 국회의원 선거에서 낙선했고, 겨우 열린우리당 최고위원에 당선되어 이제 갓 3개월 정도 활동하고 있을 무렵이었다. 아내는 이미 대통령이 원하는 바를 눈치챘는지 "대통령께서 경남도지사 선거 출마를 권유하시면 못 한다고 해야 한다"고 못을 박았다. 하지만 나는 대통령을 본 순간 그의 뜻에 순응할 수밖에 없었다. 다시 출마했다. 득표율 25.4%. 2002년에 이어 2006년 지역주의에 재도전했지만 또 다시 패배했다. 2004년에 이어 2008년 또 다시 국회의원 선거에 나섰지만 역시나 패배했다. 눈물과 콧물이 뒤범벅이 되고, 목이 쉬어 말이 나오지 않을 정도로 호소했지만 지역주의의 강고한 벽은 그토록 깨기 어려웠다.

그리고 1년이 지났고, 노무현 대통령이 서거했다. 곧 찾아뵙겠다는 전화를 드린 지 얼마 되지 않았는데 전해진 비보에 충격이 컸다. 노무현 대통령은 자신의 꿈을 국민의 꿈으로 남겨놓은 채 떠나갔다. 1년 뒤 드디어 나는 노 대통령이 남겨준 사명 중 하나를 완수할 수 있었다. 2010년, 보수의 아성에서 53.5%로 과반 득표를 하며 경남도지사에 당선된 것이다. 노 대통령의 묘역 앞에 무릎을 꿇고 고했다. 지역주의의 벽에 드디어 구멍 하나를 뚫었노라고.

노무현 대통령은 한국 사회가 새로운 시대를 열기 위해서는 지역주의를 극복하지 않으면 안 된다고 생각했다. 대통령 임기가 끝나면 다시 지방정부의 장이나 국회의원 후보로 영남에서 출마하겠다는 농담 아닌 농담을 할 정도였다. 노무현 대통령이 야당과의 대연정 제안을 한 것도 지역주의 극복을 위해 선거제도를 개편할 수 있다면 국무총리와 장관 임명권은 얼마든지 포기할 수 있다는 의지의 표현이었다. 강고한 승자독식의 지역주의 정치 대신 대화와 타협, 협력을 통한 신뢰의 정치를 만들고 싶어했다. 그리고 국민의 삶의 질을 높이는 공동체 문화, 다양성이 존중되는 사회를 꿈꿨다.

그 꿈이 보고 싶었다. 미국 모델은 노무현 대통령과 함께 꿈꿨던 세상과는 거리가 멀었다. 강고한 양당제, 신자유주의 경제는 대한민국이 가진 깊은 양극화와 갈등 구조에 해답이 되기 어렵다고 생각했다. 독일이야말로 그 꿈의 현장이었다. 동시에 우리가 넘어서야 할 곳이기도 했다.

○ 반성과 희망의 시간, 베를린 체류

독일과 유럽에서의 1년은 나에게 반성과 성찰의 시간이었다. 독일로 떠나가기 직전, 나는 큰 실수를 했다. '깨어 있는 시민'의 지지를 받아 노무현 대통령과 함께 꿈꿨던 지역주의 극복에 소기의 성과를 냈으면서도 이를 저버리고 2012년 민주당 대선 후보 경선에 뛰어든 것이다.

경남은 항상 보수정당이 승리한 지역이었다. 하지만 나는 무소속으로 민주당, 민주노동당, 국민참여당과 함께하면서 시민사회, 학계, 노조 등과 연대했다. 그 결과로 민주진보진영의 첫 선거 승리를 이끌어냈다. 선거연대를 바탕으로 '경남민주도정협의회'를 출범시켜 공동정부를 꾸렸다. 대한민국 최초로 지방정부 차원에서 '중中 연정'을 실시함으로써 새로운 거버넌스의 형태를 선보였다. 이는 협치와 대화로 성공한 사례로 평가받았다.

그랬던 내가 경남도지사직을 떠나 제대로 준비되지 않은 상태에서 민주당 대선 후보 경선에 뛰어들었다. 주위에서 도지사직을 사직하지 말고 출마하라 충고했지만 '양손에 떡을 쥐는 것'이 성미에 맞지 않았다. 도지사 사직이라는 배수진을 치고 대선 후보 경쟁에 임했다. 나와는 달리 김문수 경기도지사는 새누리당 후보 경선에 지사직을 유지한 채 뛰어들었다. 그에게는 물론 많은 비판이 가해졌지만, 그럼에도 불구하고 나의 출마는 결과적으로 잘못된 선택이 되었다. 민주

14

진보진영의 후보를 처음 뽑아준 경남도민을 배신한 셈이 되었다. 경남도지사 사퇴와 민주당 후보 경선 실패는 나에게 엄청난 후폭풍으로 다가왔다. 수많은 비판과 비난을 온몸으로 감당해야 했다. 대통령 선거에서는 박근혜 후보가 당선되었다. 나는 깊은 무력감에 빠졌다.

이제 무엇을 해야 할까. 고민을 거듭하던 내게 2013년 1월 기대치 않았던 소식이 들려왔다. 독일 사회민주당(이하 사민당)의 싱크탱크인 프리드리히 에버트 재단이 나를 6개월간 장학생 자격으로 초청한다는 내용이었다. 나의 정치 인생에 있어 또 하나의 터닝 포인트였다. 나는 베를린 자유대학교에서 방문학자로 공부하게 되었다. 쓰러져도 다시 일어서는 오뚝이같이 나는 독일에서 새로운 희망과 비전을 찾아 나섰다.

독일에 처음 도착했을 때는 정신이 없었다. 식사를 사먹다가 이내 질려서 냉동밥, 고추장, 참치 통조림 등을 구입해 스스로 요리를 하기 시작했다. 한편으로는 마음 편하고 행복한 시간이었다. 시간은 빨리 흘러 어느덧 에버트 재단이 장학금을 약속한 6개월이 얼마 남지 않았다. 고민에 빠졌다. 처음 해본 외국 생활이라 낯선 점도 있었지만 아직 보고 싶은 것, 배우고 싶은 것이 많았다.

외국인 비자 연장을 하려면 새벽부터 관청 문 앞에 줄을 서고 기다려야 한다는 말에 나는 "다른 방안이 없습니까?"라고 물었다. 한국 정치인의 특권의식이 발동한 것이다. 독일 지인은 "왜 그런 특권을 누리려고 하는가!"라고 편잔을 주었다. 몹시 부끄러웠다. 다음날 이른 새벽에 집을 나가 비자를 발급하는 관청 문이 열릴 때까지 네다섯 시간을 기다렸고, 다시 세 시간을 기다려 비자를 연장했다. 그날의 부끄러움과 반성이 아직 생생하다.

기간을 연장해 총 1년 동안 독일에 체류하면서 수많은 기업과 현장을 방문했고, 독일 의회 등 많은 정치인들을 만났다. 그들을 통해 '나는 왜 정치를 하는가', '대한민국을 위해 어떤 책임을 다할 것인가'에 대한 깊은 성찰과 고민을 했다. 독일 사회의 모습을 통해 대한민국을 어떻게 바꿔나가야 할지를 배웠다. 독일에서 1년을 표현하기에 '백문불여일견百聞不如一見'보다 더 잘 어울리는 격언도 없다고 본다.

ㅇ '비전의 정치가' 브란트 총리에게 배운 큰 정치

"실천적으로 사고하고 이상적으로 행동하라!"

독일에서 공부하면서 존경하게 된 '비전의 정치가' 빌리 브란트(1913~1992) 총리가 즐겨 사용하는 문구다. 그는 청년 시절 노르웨이로 망명, 나치가 지배하는 조국의 배신자가 되어 레지스탕스 운동을 전개했다. 2차 세계대전 이후 브란트 총리는 자신의 고향인 서독 뤼베크나 수도 본을 선택하지 않고, 당시 미·소 냉전의 최전선으로 외딴 섬과 같았던 베를린을 자신의 첫 정치 무대로 삼을 정도로 용기 있는 큰 정치인이었다.

구동독 공산정권이 베를린 장벽을 쌓을 때 그는 베를린 시장으로 혼자 외롭게 싸웠다. 당시 서독 총리인 기독민주당(이하 기민당)의 아데나워는 사민당의 빌리 브란트 베를린 시장을 지원하지 않았다. 브란트는 미국의 존 F. 케네디 대통령에게 베를린을 방문하도록 요청해 성사시켰다. 케네디 대통령은 1963년 베를린을 방문해 브란트와 함께 "나는 베를린 시민이다Ich bin ein Berliner"라는 유명한 문구를 남겼다. 그 일로 브란트는 서방에 '유럽의 케네디'라는 새로운 별명을 얻게 된다. 훤칠한 키, 고수머리, 광대뼈, 잘생긴 얼굴에다가 지적인 면을 보여줘 서방 세계의 최고 상남자 상을 뽐냈다.

그는 분단의 최전선인 베를린에서 어떻게 냉전의 장막을 걷어낼지 고민하고 또 고민하면서 새로운 미래를 설계했다. 2차 세계대전의 산물이자 미국과 소련이 만든 독일 땅의 냉전을 해체시키는 작업에 들어간 것이다. 그는 동서 유럽의 데탕트인 '동방정책'을 들고 나왔다. 독일 보수는 시들고 있었고, 새로운 세대는 열광했다.

브란트 총리는 1970년 동독의 에어푸르트에서 동서독 정상회담을 성사시켰다. 2000년 김대중 대통령과 김정일 위원장의 남북정상회담보다 30년 앞섰다. 브란트 총리는 이전의 보수정권이 보여주었던 올림픽 공동입장이나 단일팀 구성 같은 이벤트나 정권 홍보보다는 동서독 주민에게 이익이 되는 인도적 교류와 지원에 중점을 두었다. 분단 상황을 정치적으로 이용하기보다는 독일 헌법 1조에 나와 있는 '인권'에 충실한 것이다. 그는 독일 통일의 씨앗을 뿌렸고, 그 결과로 1972년 노벨평화상을 받았다.

외교안보에서 새로운 지평을 열어갔을 뿐 아니라 국내 개혁에도 큰 업적을 거두었다. 브란트 총리는 불평등과 기회균등을 위해 '더 많은 민주주의'를 내걸고 경제민주주의와 교육 민주화를 이룩했다. 또한 직장 민주화로 회사 경영이나 인사에 대해 노사가 동등한 권한과 책임을 갖는 '노사공동결정제'를 정착시켰다. 중산층 및 서민층 대학생에게 생활금을 지급하는 '바펙Bafoeg' 제도를 확대 실시했다. 독일이 통일을 이루고 오늘같이 번영을 누리는 따뜻한 공동체가 될 수 있었던 데는 동독과 서독, 서독 내 사회 구성원의 협력을 만들어 낸 빌리 브란트의 정치 철학이 기여한 바가 컸다.

평화통일로 자유, 평화, 번영을 만끽하는 나라, 청년 일자리가 남아서 외국 청년에게 기회를 주는 산업생태계, 갑질이 없고 더불어 상생하는 경제민주주의와 사회적 시장경제, 부자 지역이 빈곤한 지역에 지원하여 골고루 잘사는 사회, 광기와 전쟁의 대륙을 평화와 공영의 지역으로 선도하고, 4차 산업혁명에 앞서가는 나라.

독일에서 경험하고 독일 사회를 공부하며 내린 결론이다. 독일 사회를 부러워하는 이유이자 대한민국이 이뤄가야 할 과제이기도 하다. 독일의 사회철학자 코젤렉이 말했듯이 '비동시성의 동시성'으로 독일은 우리보다 앞서 우리가 지금 해결해야 할 과제를 이미 해결한 것이다. 우리가 독일과 반드시 같은 길을 걸어야 한다는 것이 아니다. 장점을 배우되, 결국은 독일을 넘어서야 한다.

일각에서는 한국이 벤치마킹할 나라로 스위스 혹은 스칸디나비아 모델을 이야기하기도 한다. 물론 이들 국가로부터 시사점과 교훈을 얻을 수 있다는 점을 부인하지 않는다. 하지만 이들 국가는 대한민국과 비교할 때 인구 400만 혹은 1,000만 명 내외의 작은 나라들이다. 분단과 통일 등 대한민국이 당면한 문제를 해결하면서 발전한 국가가 아니다.

반면 독일은 인구 8,000만 명으로 통일 대한민국의 인구와 비슷할 뿐만 아니라 전쟁과 분단을 겪었고 수출 주도로 경제성장을 했다는 점 등 유사한 측면이 많다. 그런 점에서도 독일은 대한민국이 꼭 해결해야 할 과제들을 먼저 해결하면서 미래로 나아가고 있는 모델이다.

독일은 거대한 메가트렌드인 4차 산업혁명을 선구적으로 이끌어가고 있었고, 잘못된 과거 나치로부터 해방된 자주 문명국가로 거듭나고 있었다. 대한민국의 새로운 플랫폼 모델을 독일에서 보았다.

베를린 자유대 연구실 앞에서

부의 축적보다는 삶의 질을, 일만 하기보다는 행복을 향
유하는 사회, '유러피언 드림'의 모델이 된 독일을 직접
보고 싶었다. 나와 대한민국의 새로운 미래를 찾기 위한
공부는 그렇게 시작되었다.

○ 다시 새로운 시작

2014년, 독일에서 13개월 만에 돌아온 한국은 변치 않았다. 사랑하는 우리 동지들도 그대로였고, 나를 위해 정성스레 귀국 환영식도 준비해주었다. 환영식에는 많은 분들이 와주셨고 한 분 한 분의 환대에 기쁨과 함께 무거운 책임감이 밀려왔다.

독일 사회를 통한 배움을 어떻게, 어디서부터 실천하기 시작할지 고민할 틈도 없이 바로 민선 6기 지방선거가 이어졌다. 당시 경남도지사 후보였던 김경수 후보를 비롯해 부울경(부산·울산·경남) 지역 후보들을 중점적으로 지원해달라는 당 지도부의 요청에 2년여 만에 다시 짐을 싸서 창원으로 내려갔다. 현지에 임시 거처를 마련하고 공동선대위원장을 맡아 지방선거 지원에 최선을 다했지만 결과는 좋지 않았다. 지역주의의 벽은 여전히 높았다. 다시 한나라당의 홍준표 후보가 경남도지사에 당선되었다. 2012년 도지사 중도 사퇴의 아픔이 다시 밀려왔다.

지방선거가 끝나자마자 지지자들과 민주당 지도부의 보궐선거 출마 요청이 이어졌다. 독일 연수 기간 동안 가장 큰 울림을 주었던 테마가 통일이었다. 때문에 아무런 연고가 없는 김포가 마음에 와닿았다. 이를 두고 운명 같다고나 할까. 서울과 부산 등 다른 선택지도 있었고, 동지들의 반대도 있었지만 내 마음은 남과 북의 접경 도시 김포로 향하고 있었다.

아무것도 결정이 되지 않았던 어느 날 나는 집으로 가려다 김포시로 차를 돌렸다. 이렇게 서울과 가까웠던가. 어느새 차량은 김포로 접어들었고, 잠시 차에서 내려 김포시의 기운을 느껴보았다. 보수정당의 이름 있는 유력 정치인이 군수부터 시작해 국회의원으로 내리 세 번 선출된 만큼 보수색이 짙은 민주당의 험지였다. 하지만 마음을 굳혔다. 주저하지 않고 출마를 결정했다.

민주당 지도부에서 전략 단수공천 이야기가 나왔지만, 이미 선거를 준비해온 예비 후보가 있다는 것을 알고 나는 흔쾌히 경선에 뛰어들었다. 선거일 불과 3주 전이었다. 경남에서의 수많은 낙선에 좌절하지 않았기 때문에 낙선에 대한 두려움은 없었다. 국회의원 선거는 고향인 경남 남해에서 출마해 세 번(1988년, 2004년, 2008년) 낙선한 이후 네 번째 도전이었다. 결과는 43.1% 득표. 지역 출신 후보론으로 무장한 보수정당의 정치 신인에게 패배했다.

해단식을 마치고 나니 그야말로 김포에 홀로 남겨졌다. 어디로 가야 할지, 무엇을 해야 할지 막막했지만 바닥부터 다시 시작하자는 결심이 섰다. 이래저래 김포시민으로서의 본격적인 삶을 다시 시작했다. 무작정 시민들을 만나기 시작했지만, 만나는 분들마다 내게 물었다. 언제 떠날 거냐고.

나는 "돌아갈 일 없습니다. 이제 김포에 살려고 들어왔습니다"라고 대답했다. 그리고 "죄송합니다. 기대에 부응하지 못했습니다"며 "같은 김포시민으로 함께해주십시오"라고 수천, 수만 번을 반복했다.

이것이 하루하루의 반복이었다. 그렇게 2년이 흘렀다. 이제 더 이상 "언제 떠나느냐?"는 질문은 없었다. 원외 지역위원장이지만 정말 열심히 시민들을 만나고, 국토교통부, 농림부, 환경부 등을 방문하면서 김포를 위해 일하고, 민원 해결을 위해 노력했던 진심이 통했다.

2016년, 김포는 선거구가 갑·을 지역으로 분구가 되었다. 총선에서 나는 당선 가능성이 더 낮은 갑 지역을 선택했다. 그리고 드디어 처음으로 국회의원에 당선되었다. 대통령 후보 경선에 패배했을 때도, 김포로 들어와 재보궐 선거에 낙선했을 때도 많은 이들이 '정치인 김두관'은 끝이라고 했지만, 나는 총 선거 10전 4승 6패의 기록으로 1승을 추가하며 다시 일어섰다. 그렇게 해서 이제 통일의 꿈을 안고 들어온 이곳 김포시에서 본격적인 제2의 정치인생을 펴나가고 있다.

김포는 분단 독일의 베를린과 여러 측면에서 유사하다. 김포는 원도심과 신도시, 농촌사회가 공존하며, 외국인과 다문화가정이 함께 살고 있는 한국 사회의 축소판 같은 곳이다. 서울과 인접했으면서도 지하철 하나 없을 정도로 소외된 곳이고 기업 대다수가 중소 규모다. 한국 사회가 가진 다양한 갈등이 산재한 곳이자, 그중에서도 가장 큰 갈등인 남북갈등이 존재하는 남북 접경 지역이다. 김포에서 정치를 재개한 것은 독일에서 배운 정치로 한국 사회가 가진 다양한 갈등을 해결하고, 정치적 소명인 통일의 씨앗을 김포에 뿌리고자 했기 때문이다.

독일에 체류하면서 대한민국이 해결해야 할 과제가 너무 많은 것을 깨달았다. 전국이 골고루 잘살고, 청년들의 일자리가 남아돌고, 갑을 관계가 없는 독일 사회가 부러웠다. 시기가 일 정도였다. 특히 평화통일이 그랬다. 한국 정치의 철지난 여야 이데올로기 싸움과 내적 갈등은 분단이라는 기형적 구조에서 시작된 것이다.

나는 지난 총선에 나서면서 김포시민과 국민에게 네 가지 약속을 했다. 첫 번째는 지역구 국회의원으로서 김포 발전과 시민 행복을 위해 최선을 다하겠다는 것이었고, 두 번째는 대한민국의 심각한 양극화, 불평등 문제를 해결하고 미래세대가 보다 살기 좋은 사회로 만드는 것, 세 번째는 풀뿌리 민주주의와 지방분권을 위해 노력하는 것, 마지막으로는 분단의 질곡을 넘어 한반도 평화와 통일을 이루는 것을 목표로 노력하겠다는 것이었다.

대한민국은 분단의 갈등 속에 있고, 아직 87년 구체제에서 벗어나지 못하고 있다. 물론 문재인 대통령은 한반도 평화를 향한 운전대를 잡고 새로운 남북관계를 만들어가고 있다. 또한 적폐청산을 통해 지체된 역사의 수레바퀴를 굴리고 있다. 노무현 대통령이 꿈꾼 '새 시대의 맏형' 역할을 잘 하고 있는 것이다.

하지만 여전히 정치는 우리 사회가 가진 여러 문제를 해결하지 못하고 있다. 나는 나의 정치 인생 전체와 독일을 통해 얻은 지혜를 토대로 미래를 위한 새로운 대한민국 플랫폼 건설에 '올인' 하고 싶다.

이 책에 그 같은 나의 꿈과 비전, 공부를 담았다. 또한 취업, 연애, 결혼을 포기한 '3포' 청년들에게 희망의 메시지를 전하고 싶었다. 위대한 대한민국 국민들과 함께 새로운 미래를 만들어가고 싶다. 그 큰 꿈을 그린 지도가 바로 이 책이다. 세계는 어떻게 변화하고 있고, 우리는 무엇을 준비해야 하는지, 나와 대한민국의 새 플랫폼을 찾는 여정을 담았다. 유러피언 드림을 넘어 새로운 길을 안내하는 지도가 되기를 소원한다.

길은
어디에서
열리는가

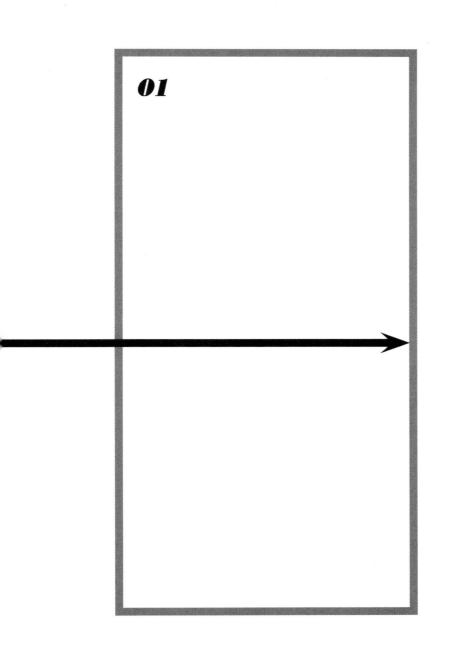

01

노무현 대통령의
유고

○ 유러피언 드림의 현장에 가다

대한민국은 다시 격변기에 들어섰다.

구체제에 남는가, 신체제로 가는가의 기로에서 한반도가 새로운 출발을 하고 있다. 문재인 대통령이 운전석에 앉았다. 이런 중요한 시기에 대한민국의 신체제에 나침반이 되어줄 수 있는 모델이 '유러피언 드림'이다. 노무현 대통령이 대한민국의 미래로 꿈꾼 새로운 패러다임이기도 하다.

나는 베를린에 1년 동안 연수하면서 유러피언 드림을 다양하게 체험할 수 있었다. 가장 큰 충격은 독일이 한국과 같은 극단적 경쟁 사회가 아닌 공생의 사회, '사람 사는 사회'를 지향하고 있다는 사실이었다. 나는 노 대통령이 꿈꾼 '사람 사는 세상'의 실제 모습을 베를린에 가서야 제대로 이해할 수 있었다.

그동안 대한민국은 '정글 자본주의'로 칭해지는 미국식 신자유주의에 길들여져왔다. 개인이 부자가 되는 '자수성가'와 '돈의 마법'이 주인이 되는 세상이다. 바로 아메리칸 드림이다. 미국은 그런 가치 추구를 통해 세계 최강대국으로 성장했지만, 반대급부로 빈부 격차도 커졌다.

신자유주의 옹호론자들은 "유럽은 병들고 미래가 없다"고 비판한다. 그들에게 유럽은 경쟁을 하지 않고, 노조 보호에 안주하며, 연금만 타먹으려고 하는 사회다. 미국인들은 더 많이 일하고 더 많은 수입을 추구하는 반면, 유럽인들은 더 적게 일하고 더 많은 혜택을 국가로부터 받으려고 한다는 게 그들의 생각이다. 복지병에 걸려 놀고먹는 유럽인이 부지런한 미국인과의 경쟁에서 살아남을 수 없기 때문에 유럽의 미래는 없다는 것이다.

과연 그럴까.

내가 겪은 유럽은 아메리카 모델과는 다른 가치와 시스템으로 작동하고 있었다. 유럽은 거꾸로 아메리칸 드림을 비판한다. 이는 미국이 이기적이며 신자유주의에 의한 승자독식 체제라는 평가에서 출발한다. 미국 시스템은 개인의 물질적 성장에만 의존하고 인류 전체의 보편적 복지를 등한시하는 제도라는 것이다. 그들에게 개척자 정신으로 무장된 아메리칸 드림은 유효기간이 지난 낡은 꿈이다.

실제 최근 아메리칸 드림은 이상신호를 보이고 있다. "아메리칸 드림을 실현하려면 스웨덴으로 가라"는 말이 나올 정도로 미국 사회의 불평등은 대를 이어 더 심각해지고 미국인들조차 더 이상 '미국은 기회의 땅'임을 믿지 않는다. 1990년대까지만 해도 "미국에는 충분한 기회가 있다"고 생각한 사람들이 80%가 넘었지만 2012년 이후 50% 대로 떨어졌고 그 반대는 10% 대에서 40% 대로 뛰었다고 여론조사 기관 갤럽은 밝혔다.

이런 아메리칸 드림 대신 유럽인들이 택한 것이 공존과 연대다. 세계에 대한 열린 마인드와 관용으로 상징되는 새로운 꿈을 키웠다. 바로 유러피언 드림이다. 《유러피언 드림》을 쓴 제레미 리프킨은 유럽이 꿈꾸는 사회 모습을 다음과 같이 요약했다.

"개인의 자율보다는 공동체의 관계를, 문화적 동화보다는 다양성을, 부의 축적보다는 삶의 질을, 제한된 물질적 성장보다는 지속적인 발전을, 일만 하기보다는 놀면서 발전하는 것을, 일방적인 권력 행사보다는 세계적 협력을 우선시하는 사회다."

유럽은 이렇게 새로운 모델을 제시하고 '사람 사는 세상'을 만들어 갔다. 그리고 이를 대표적으로 실현하고 있는 나라가 기회균등의 사회인 독일이었다.

○ 사람이 먼저인 세상이 실제로 눈앞에

미국인들은 대체로 가난한 사람은 스스로 잘살도록 노력해야 한다고 생각한다. 하지만 독일을 포함한 유럽인들은 가난에 대해 정부가 일정 책임을 져야 한다고 생각한다. 가난을 바라보는 두 사회의 인식 차이이자 다양한 논란의 출발점이기도 하다.

독일은 국가의 존재 자체를 위협한 전쟁을 겪으며 사람이 먼저인 공동체 사회를 만들어왔다. 나폴레옹 전쟁과 비스마르크 통일 전쟁, 나치에 의해 자행된 2차 세계대전을 겪으면서 자율성을 바탕으로 하면서도 사회가 연대해 각 개인의 자율성을 뒷받침하는 제도를 만들어온 것이다. 독일은 통일 과정에서도 동서독 격차 해소를 위해 많은 노력을 기울였다. 동독 사람이라는 이유로 차별받지 않도록 기술집약적 산업을 동독의 각 주에 배치하는가 하면 동독 사람의 인권을 보장하고 복지로 뒷받침하면서 사회 전체가 협력해 문제를 해결해왔다.

독일은 주요 정책을 결정하는 데 충분한 시간을 갖고 국민과 함께한다. 1998년 녹색당과 연정한 사민당의 슈뢰더 정권이 원전 폐기를 결정한 이후 기독민주당의 앙겔라 메르켈 총리가 탈핵을 결정하기까지 무려 15년이 걸렸다. 그만큼 민심을 모아가면서 추진했기 때문에 이후 결정에 대해 국민 전체가 승복하고 다음 단계로 나아갔다.

노무현 대통령은 내가 아는 한국의 정치 리더 중 유일하게 유러피언 드림을 제대로 이해하고 추진했다고 생각하는 분이다. 2009년 작고하기 전, "언젠가 나도《유러피언 드림》같은 책을 써보고 싶다"고 말할 정도로 유럽식 제도와 문화에 큰 관심을 보였다.

노무현 대통령의 판단이 옳았다는 것을 나는 유럽과 독일에서 경험했다. 통일된 독일의 수도 베를린은 서울과 큰 차이를 보였다. 이념과 군사가 아닌 평화와 번영을 최우선 가치로 삼고 있었다. 베를린 시민들은 "이처럼 자유스럽고, 평화롭고, 번영의 시대가 없었다"고 노래한다. 독일 청년들은 독일인을 넘어서 유럽인과 세계시민으로 성장하고 있었다.

독일은 어떻게 모두가 잘사는 사회를
만들어간 것인가

○ 이념을 버리고 실용적 개혁

2차 세계대전 이후 건설된 독일연방공화국(서독)의 중도 우파 기민당이 내건 슬로건은 '모두가 잘사는 사회'였다. 그 중심에 건국의 주역인 콘라트 아데나워 총리와 라인 강의 기적을 설계한 루트비히 에르하르트 총리가 있었다. 이들은 총리민주주의[1]와 사회 시장경제 패

1__ 독일은 내각제를 택한 다른 나라에 비해 총리가 비교적 강한 권한을 갖고 있다. 다당제를 기반으로 하는 내각제의 경우 흔히 총리의 권한이 약하고 정국이 혼란해질 수 있는데 독일은 이를 수준 높은 합의 문화로 극복하고 정치를 그 어느 나라보다 안정시켰다. 이를 '총리민주주의'라 부른다. 덕분에 독일은 1949년 독일연방공화국이 성립된 이후 70여 년 동안 총리가 7번밖에 바뀌지 않았고, 정치는 국민에게 신뢰받는다.

러다임을 내걸고 라인 강의 기적과 복지국가를 만들어갔다.

하지만 서독 건국 초기 사민당은 아직 계급정당, 노동자 정당을 고수하고 있었다. 철 지난 이념에 집착한 낡은 정당 사민당은 선거에서 기민당에 번번이 깨졌다. 마침내 빌리 브란트 총리를 포함해 헬무트 슈미트 총리, 허버트 벤허 의장 등 젊은 30대 정치인들이 사민당 개혁에 나섰다. 이것이 1959년 본 근처에 위치한 바트 고데스베르크 시에서 선언한, 그 유명한 '고데스베르크 강령'이다.

그들은 계급 정당을 버리고 국민 정당으로 거듭났고, 이념을 버리고 실용주의를 받아들였다. 또한 노동자 중심에서 벗어나 교사, 농부, 전문직 등으로 스펙트럼을 확장하는 정책을 마련했다. 사민당이 집권할 수 있는 초석을 쌓은 것이었다. 사민당도 노동자만 잘사는 나라가 아닌 '모두가 잘사는 사회'를 수용한 것이다. 낡은 이념을 개혁하고 새로운 시대를 선도하는 정책을 마련해 국민의 지지를 받을 수 있었다.

독일은 어떻게 모두가 잘사는 사회를 만들어간 것인가?

서독 건국의 아버지들이 독일식의 새로운 모델을 만들 때 추구한 핵심 가치는 공생을 통한 공동 번영이었다. 먼저 독점과 제왕적 통치가 아니라 협치와 연정을 가능케 하는 정치 체제를 만들었다. 바로 사회연방국가와 독일식 총리민주주의 도입이다. 독일 연방정부는 1949년 건국 이후 항상 대연정과 소연정의 정부를 운용했다. 1957년 기민당/기사당은 의회 과반수 득표를 하고도 연정을 했다. 독일은 권력을 나눌수록 투명해지고 강해지는 법칙을 실천한 것이다.

둘째, 새로운 시장경제 제도를 만들었다. 독일식 '사회 시장경제 모델'이다. 시장의 순기능만을 신봉하는 미국식 신자유주의 혹은 소련의 계획 통제 경제가 아닌 제3의 길을 통해 성공 모델을 만들어갔다. '아파도 돈이 없어 병원을 못 가거나, 공부를 하고 싶은데 돈이 없어 못 하거나, 일하고 싶은데 일자리가 없는 나라'가 안 되기 위해 독일이 선택한 제도가 바로 독일식 질서 자유주의와 사회보장제도이다. 시장에서 질서 있는 자유로운 경쟁을 통해 국민경제 파이를 키우되 그 과실을 국민 골고루 나누는 분배 정책으로, '스스로 돕는 자'를 지원하는 보충성의 원칙에 기반을 둔 것이다.

셋째, 사회적 코포라티즘corporatism의 산업 체제를 만들었다. 국가와 기업, 대기업과 중소기업, 노사 공생을 추구하는 경제민주주의 모델이다. 이 체제에서는 대기업과 중소기업이 공정한 관계를 맺을 뿐아니라 노동자와 회사 측도 비슷한 권한을 갖는다. 즉 기업의 투명경영과 합리적 경영을 위해 노사가 동수로 참여하는 감독이사회를 만들어 경영과 인사를 논의하는 식이다. 독일은 이를 '노사공동결정권'이라고 부른다. 따라서 대한항공 사주 일가가 보여준 것과 같은 갑질 문화는 독일 기업에서 존재할 수가 없다. 물론 이는 모든 기업에 적용되는 원칙은 아니며 종업원이 2,000명이 넘는 중견기업 이상에만 적용하고 있다.

경제민주주의는 우리 고사성어로 표현하면 '수처작주隨處作主' 정신이라고 볼 수 있다. 자신이 서 있는 곳에서 스스로 주인이 되라는 뜻이다. 노동자 스스로 주인 의식을 갖게 되니 회사의 경쟁력이 높아질 수밖에 없다. 널리 알려지지는 않았으나 세계적으로 손꼽히는 중소 우수기업, 즉 '히든 챔피언' 수가 독일에 가장 많은 비결 중 하나다. 노조의 투쟁이 가장 적은 나라도 독일이다. 노사 간 합리적인 대화를 통해 회사를 운영하니 싸우고, 욕하고, 불신하는 행동이 나오지 않는다.

○ 유럽병 환자에서 유럽의 심장으로

넷째, 사회보장제도를 구축해갔다. 선성장·후복지를 내걸지 않았다. 성장과 복지를 동시에 제도화시켰다. 기회균등의 나라를 만들어갔다. 어느 누구 하나 사회의 낙오자가 되어서는 안 된다는 헌법 정신에 충실한 것이다. 실제 독일은 의료, 실업, 재해, 연금, 간병보험 등 5대 사회보장제도로 세계에서 가장 잘 짜인 복지체계를 운영 중이다. 나아가 무상 교육과 재교육 등 일자리 정책에도 가장 적극적이다. 일자리가 최고 복지이기 때문이다. 이를 위해 천문학적인 재정을 투자하고 있다.

다섯째, 교육혁명이었다. 사교육비, 입시지옥, 대학등록금, 학교폭력이 없는 '4무無'의 교육 현장을 만들어갔다.

마지막으로 독일은 동서독이 함께 잘사는 평화통일을 달성했다. 피 한 방울 흘리지 않고 새로운 시대를 열었다. 독일 통일은 동독 인민들의 위대한 민주화 운동을 기반으로, 소련과 동구권 사회주의 국가의 몰락, 브란트와 콜 총리 같은 위대한 정치 리더십, 그리고 미국 등 우방들의 지원 등이 결합되었기에 가능했다.

갑작스런 통일로 한때 '유럽병 환자'라는 조롱과 시련도 겪었지만 잘 극복했다. 통일 이후 동독 지역 발전을 지원하기 위해 1991년 도입한 '연대세'를 통해 2009년까지 1조 6,000억 유로라는 막대한 재원을 동독에 투자했다. 지금은 오히려 통일이 독일에 축복으로 다가오고 있다. 통일 전과 비교할 때 GDP가 2배나 증가했고, 구동독 지역이 신성장 산업의 중심지 역할을 하며 새로운 문화 르네상스를 만들어가고 있다.

독일은 또 4차 산업혁명을 선도하는 나라로 도약했다. '모두가 잘사는' 사회는 4차 산업혁명 시대에 더욱 빛을 발휘하고 있다. 4차 산업혁명을 관통하는 핵심 키워드는 융복합과 연대이기 때문이다.

나는 지난 5년 동안 독일 연수와 그에 이어진 공부를 통해 '모두가 잘사는 세상'이 가장 경쟁력 있으며 가장 행복한 사회라는 것을 깨달았다. 그렇다면 대한민국은 어떤 선택을 할 것인가라는 질문이 자연히 뒤를 이었다.

대한민국의
미래를 보다

○ '아시아의 독일'을 넘어서

'Next Korea, Beyond Germany!'

독일 전문가인 경기대 김택환 교수가 자신의 저서 《넥스트 코리아》에서 주장한 내용이다. 나도 처음에는 '어떻게 이것이 가능할까?'라고 의심했다. 독일에서 살아보기 이전의 일이다. 하지만 독일에 체류한 이후 내 생각은 달라졌다. '대한민국이 독일을 뛰어넘을 수 있다'는 확신이 생기기 시작한 것이다.

《브레이크아웃 네이션》이라는 저서에서 한국을 '세계경제의 새로운 흐름을 주도할 신흥국'으로 꼽았던 루치르 샤르마 모건스탠리 신흥시장 총괄사장처럼 대한민국이 '아시아의 독일'이 될 수 있다고 전망하는 이들이 있다. 하지만 나는 대한민국이 '아시아의 독일'이 되는 데 머물지 않고 '독일을 넘어서야' 미래가 있다고 생각한다.

한국은 독일에 뒤지지 않는 발전의 역사를 만들어왔다. 6·25 전쟁 직후 한국 상황은 처참했다. 심지어 지금은 세계 최빈국에 속하는 아이티로부터 원조를 받을 정도였다. 하지만 60년대부터 해외 차관을 받아 박차를 가하기 시작한 한국의 경제발전은 신생독립국 중 가장 성공한 모델로 손꼽힌다. 1956년 국민 1인당 GNP가 56달러에서 2018년 약 3만 달러 국가로 발전했다. 피땀 흘려 열심히 일한 노력의 결과로 한국은 경제 강국으로 발돋움했다. 또한 민주화 역시 가장 빠른 시간에 쟁취했다.

한국은 타국의 벤치마킹 대상이 되기도 했다. 한때 유럽에서 폴란드, 헝가리 등 동유럽 사회주의 국가들이 몰락하고 민주 세력이 집권하면서 내건 슬로건이 '유럽 속의 코리아 건설'이었다. 최대한 빠른 시일 내에 민주화와 경제발전을 이룩하기 위해서다.

이런 우리 한국인들이 대한민국의 롤 모델 일순위로 꼽는 국가가 독일이다. 여론조사 전문기관 리얼미터가 조사(2017년 2월)한 결과에 따르면 '대한민국의 롤 모델 국가'로 응답자의 약 30%가 독일을 선택했다. 이어 스칸디나비아 국가 순으로 나타났다. 현명한 우리 국민들은 대한민국의 갈 길과 모델을 잘 파악하고 있는 것이다.

대한민국은 지금 새로운 도전과 도약이 요구되는 시점이다. 2006

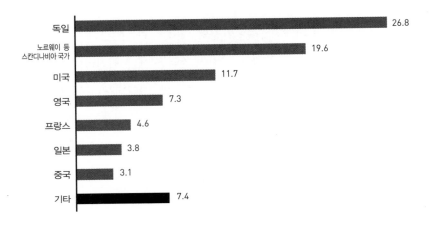

년 이후 1인당 국민소득은 12년째 2만 달러 대에 맴돌고 있고, 신성
장 동력을 만들지 못할 뿐 아니라 양극화는 더욱 확산돼가는 추세다.
복지국가 정착, 평화통일이라는 과제도 안고 있다. 문제는 어떻게 이
들 과제를 해결하고, 어떤 길로 나아가야 하느냐는 것이다. 이에 대
한 교훈과 해답을 시사해주는 나라가 독일이다. 어떤 나라보다 강한
경제, 단단한 민주주의를 운영하고 있는 행복한 사회이기 때문이다.

○ 우리에게는 어떤 힘이 있을까

우리에게는 새로운 나라로 가기 위해 필요한 어떤 힘이 내재되어 있는가?

먼저 우리에게는 5,000년간 이어져온 신명의식이 있다. 2002년 세계를 깜짝 놀라게 한 월드컵 거리 응원에서도 알 수 있듯 흥과 끼가 넘치는 민족이다. 이는 곧 창의력이기도 하다. 또한 성실한 국민성이 있다. 독일의 탄광 막장에서부터 베트남 전쟁터를 거쳐, 사우디아라비아 모래터와 리비아 공사장에서 온몸을 던져 일한 성실하고 근면한 국민 DNA가 그것이다. 산업화, 민주화, 정보화를 달성한 대한민국 힘의 비결이다.

하지만 독일과 비교해보면 한국의 정치제도나 대통령, 기업인과 기업 운영, 사회복지제도 등은 이 같은 국민성을 제대로 뒷받침해주지 못한다는 것을 알 수 있다. 우리가 독일을 넘어서기 위해서는 국민에게 공평한 기회를 주는 정의로운 사회를 만들어야만 한다. 한탕주의를 배격하는 철학, 패거리와 정파를 떠나 국민의 이익을 먼저 챙기는 지도자와 정치, 특히 서민층과 중산층을 위한 정책, 그리고 약자를 먼저 배려하는 사회경제 정책 등 새로운 인프라를 구축해야 할 시기다.

결국 정치 리더가 앞장서야 가능한 일이다. 민주주의 국가에서 여러 사회 현안을 가장 적극적으로, 가장 빨리 해결할 수 있는 집단이 정치인들이다. 이제 대한민국도 실패하지 않는 일류 대통령이 나올 때가 됐다. 이승만 대통령은 독재로 망명을 떠나야 했고, 산업화의 기수 박정희 대통령은 부하에게 총을 맞는 비운을 겪었다. 신군부의 전두환·노태우 대통령은 감옥에 갔고, 민주화의 주역인 김영삼·김대중 대통령은 아들이 투옥되었다. 그리고 이명박·박근혜 대통령은 현재 감옥에 있다.

하지만 대한민국은 촛불혁명과 더불어 문재인 정부를 출범시켰다. 그 과정을 지켜보며 한국인에게 독일을 뛰어넘을 힘이 있다는 확신을 얻을 수 있었다. 국민들이 거리에 나서서 평화롭지만 강력하게 자신들의 의사를 밝혔고, 그 결과 부패하고 무능한 대통령을 권좌에서 끌어내렸다. 세계가 주목한 국민의 승리였다. 우리 국민에게는 그런 힘이 있다.

그와 함께 태어난 문재인 정부 역시 사회정의와 더불어 미래로 나아갈 수 있는 역량이 있는 정부다. 문재인 정부는 '사람이 먼저'라는 구호를 걸고 출범했다. '사람 사는 세상', '유러피언 드림'을 말했던 노무현 대통령의 꿈을 잇고 있다. 문재인 정부가 추진하는 '소득주도 성장'이란 가계의 소득을 늘려 소비를 진작시키고 이것을 통해 생산을 유발해 일자리를 늘리겠다는 전략이다. 소득을 늘리기 위해 최저임금을 올리고, 비정규직을 정규직으로 전환하는 데 나섰다. 정부의 재분배기능을 강화한 것이다. 아동수당, 기초연금, 청년 구직촉진수당, 저소득층 기초생활보장 등도 신설·확대됐다. 경쟁을 넘어 사람이 사람답게 살 수 있는 사회로 나아가겠다는 것이다.

적폐청산과 새로운 한반도 시대를 열어가고 있는 문재인 대통령에게서 성공하는 대통령의 희망을 그려본다. 독일에서 얻은 경험과 지혜로 문 대통령이 추구하는 사회를 만드는 데 일조하고 싶다.

대한민국은 다시 한 번 꿈을 꿔야 한다. 빠른 시일 내에 경제 도약과 더불어 사회정의, 보편적 복지를 넘어 평화통일을 이룩해나가야 한다. 대한민국이 '독일을 넘어서는 새로운 문명국가'로 도약하려면, 세계가 어떻게 변화하고 있는지를 봐야 한다. 그럼으로써 우리가 무엇을 준비해야 하는지 깨닫고, 이를 실천할 때이다.

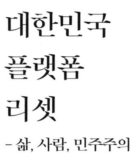

대한민국
플랫폼
리셋

- 삶, 사람, 민주주의

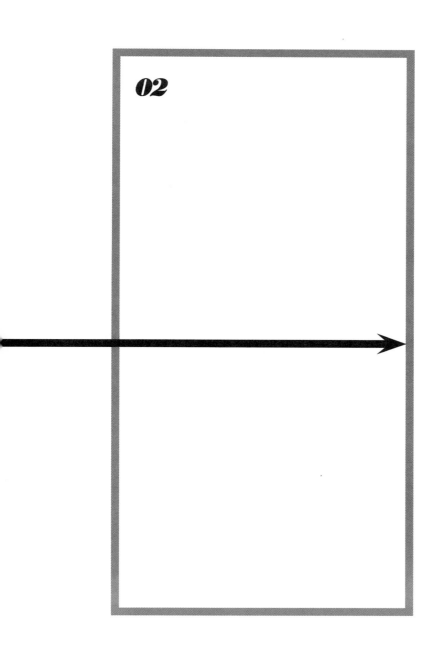

02

"우리는 더 많은 민주주의를 감행할 것이다. 우리는 더 많은 자유를, 더 많은 공동의 책임을 요구하는 사회를 원한다."

빌리 브란트 총리가 취임사에서 약속한 말이다. 그는 총리 취임사에서 '더 많은 민주주의'와 더불어 '동방정책'을 내걸었다. 동독을 국가로 인정하는 나라와는 수교하지 않는다는 '할슈타인 원칙'를 폐기하고, 동독과 대화하며 공산국가들과 수교하는 획기적인 정책이었다. 그는 임기 중 독일에 새로운 역사를 써내려갔다.

대한민국도 새로운 역사를 써내려가야 한다. 이를 위해 새 플랫폼이 필요하다. 플랫폼은 국가 운영 시스템을 의미한다. 뉴 코리아 플랫폼은 '누구나 자신의 재능을 마음껏 발휘할 수 있는 정치적, 경제적, 물리적 토대'로서 '플랫폼 내에서 구성원 간 상호 작용을 통해 창조적 에너지가 응축되고 발휘하는 사회'를 말한다. 국민에게 열린 창조적인 공간이자 시스템이다. 사상과 가치의 실현체로서 대한민국 새 플랫폼은 '모두가 행복한 사회'로 가는 철학에 기초해야 한다.

대한민국 플랫폼은 낡았다. 제왕적 대통령 제도와 독점적 재벌, 정쟁에 매몰된 정치권, '미투Me too' 운동에서 보여주듯 부패한 모습이 사회 곳곳에서 나타나고 있다. 촛불혁명 이후에도 아직 대한민국은 신체제와 구체제가 동거하는 기형적 형태를 보이고 있다.

문재인 대통령은 촛불혁명의 정신을 받들어 대한민국의 새로운 역사를 쓰기 위해 노력하고 있지만 기득권의 저항은 강력하다. 대표적 사례가 문재인 대통령의 남북 화해와 평화를 위한 행보에 대해 보였던 자유한국당의 태도다. 촛불혁명 이후 성찰하고 새 시대를 향해 협력하기보다 계속해서 냉전시대의 반공논리에 기대 발목을 잡았다.

또한 이건희 삼성전자 회장 차명계좌에 대한 과세 및 과징금 부과에 관해 보였던 금융위원회의 부정적 태도는 경제 관료들이 얼마나 재벌에 포획되고 은밀히 유착되었는지를 생생히 보여준다. 이런 상황을 바로잡지 않고서 적폐청산과 경제개혁의 길은 요원하다.

노무현 대통령은 기득권과 지독하게 싸운 대통령이다. 기득권 해체를 통해 '보통 사람이 기회를 얻을 수 있는 세상'을 만들고 싶어 했다. 나에게 참여정부 초대 행정자치부 장관을 맡겼지만 거대 야당이었던 한나라당은 나의 장관직 수행에 크게 부정적이었다.[2] 한나라당은 국회에 해임건의안을 제출했다. 노무현 대통령은 "김 장관은 보통 사람들 희망의 상징, 최대한 키워주고 싶다"고 기자간담회를 통해 아쉬움을 표현했다. 노 대통령은 국회에서 통과된 해임건의안을 거부했으나 계속 논란이 되는 상황에서 나는 스스로 사의를 표할 수밖에 없었다.

2___ 문재인 대통령의 저서 《문재인의 운명》을 보면 당시 나는 장관직 수행평가에서 1위를 여러 차례 차지할 만큼 장관직 수행을 잘했다고 소개되어 있다.

주류 엘리트와 거리가 멀었던 나를 장관으로 발탁한 것은 파격이었다. 배경에는 노무현 대통령의 '누구나 성공할 수 있는 시대'를 향한 꿈이 있었다. 이를 용납할 수 없었던 정치 기득권은 노무현 대통령을 겨냥한 나의 해임건의안 통과에서 시작해 결국 대통령의 탄핵까지 감행했다. 노무현 대통령은 기득권과의 싸움에서 권위주의 해체 등 많은 성과를 내기도 했지만 결국 미완의 아픔으로 남았다. 대한민국의 새로운 플랫폼을 만들고자 했던 꿈은 기득권에 발목을 잡혔다.

지난 6월 13일에 치러진 제7회 동시 지방선거는 이러한 개혁에 저항하는 기득권 세력에 대한 심판이었다. 촛불혁명으로부터 이어져온 새 시대를 향한 열망이 선거를 통해 다시 한 번 분출되었다. 촛불혁명은 처음으로 성공한 명예혁명이다. 그리고 아직 진행형이다. 우리 사회를 근본적으로 바꾸기를 요구했던 촛불혁명의 정신을 실현하려면 대한민국은 새로운 플랫폼이 필요하다.

나와 같은 보통 사람들이 꿈을 이룰 수 있는 사회를 위해서는 '더 많은 민주주의의 나라'로 가야 한다. 승자독식 대신 모두가 함께 잘 사는 '경제적 민주주의'가 실현되는 나라, 국민의 권력이 더 커지는 '정치적 민주주의'의 나라. 독점적 구조에서 다원적 구조로 확산되는 '더 다양한 민주주의', 중앙집권에서 지방분권으로 나아가는 '더 아래로부터의 민주주의', 의회 중심에서 주민 참여로 전환되는 '더 가까운 민주주의', 지역 정당 정치에서부터 '더 실질적인 민주주의'를 실현하는 것이다. 이것이 새로운 대한민국 플랫폼으로 가기 위한 출발점이다. 그리고 새 플랫폼을 만드는 것은 결국 정치의 몫이다.

#1

모든 사람을
위한
번영

독일의
'사회 시장경제' 모델

○ 더불어 잘살기

2013년 독일 베를린에 도착해 한 달여 생활한 나는 독일인들의 여유와 그 속에서 느껴지는 작은 행복을 보았다. 저녁 시간이면 가족들이 행복한 웃음을 띠며 대화를 나누었다. 한국과 같이 부부 또는 자녀가 각자 밖에서 밥을 먹는 일도 드물고, 식탁 위에서 흔히 벌어지는 자녀에 대한 공부 압박, 직장에서의 스트레스 이야기는 독일 가족의 식탁 풍경에 없었다.

한마디로 부러웠다. 성공과 자본이라는 굴레 안에서 쳇바퀴 돌 듯 살아가는 각박한 한국과는 판이한 사회였다. 독일은 어떻게 이런 사회를 만들 수 있었을까. 또 우리 사회를 독일처럼 삶의 여유와 작은 행복이 느껴지는 곳으로 만들려면 어떻게 해야 할까. 나는 고민했다. 그리고 독일 사회적 시장경제 시스템에서 해답을 찾을 수 있었다.

"'사회적 시장경제'는 자유롭고 성실한 인간이 성과를 통해 최대의 경제적 효용과 사회적 정의를 실현시키는 질서를 내용으로 한다."

독일의 초대 경제부 장관이자 라인 강 기적의 설계자인 루트비히 에어하르트 총리가 자신의 저서 《모든 사람을 위한 번영》에서 밝힌 내용이다. 독일 경제 시스템인 사회적 시장경제[3]는 경제 질서를 사회 질서의 한 부문으로 간주한다. 경제 질서가 민주주의와 인권, 자유, 평등이라는 국가의 상위 가치와 목표에 부응해야 한다는 것이다. 독일 민주주의의 기본 사상이다.

독일 사회적 시장경제의 핵심 사상은 두 가지로, '질서 자유주의'와 여러 질서의 '상호 의존 원칙'이 그것이다. 전자는 고전적 자유방임주의와 히틀러의 전체주의에 반대하며 제기된 개념으로, 시장이 제대로 작동하지 않을 때 효율성과 능률을 높이려면 시장 질서를 잡기 위해 국가 개입이 필요하다는 관점이다. 나아가 국가는 개인의 이해와 관심을 북돋아주어야 하고, 개인 스스로 일어설 수 있도록 지원

3__ JTBC 시사 프로그램 〈썰전〉에서 유시민 작가는 "지금 유럽에서 경제적으로 가장 잘 나가는 나라가 어디인가. 독일의 사회적 시장경제는, 자유 경쟁은 들판에서 벌어지는 게 아니라 국가의 레일 위에서 일어나야 한다는 거다. 지금 주식회사 이사회 구성도 법으로 다 한다"라고 했다. 2018년 2월 9일 JTBC 〈썰전〉, 유시민 vs 박형준, 민주당 개헌 당론에 '대립각'.

해야 하며, 그렇지 못할 경우 사회가 도와야 한다는 원칙에 입각해 경제 및 노동 질서를 만들어간다.

또한 후자인 상호 의존 원칙은 경제, 법, 정치, 사회 등이 상호 불가분의 관계에 있고 상호 영향을 미치기 때문에 개별적으로 정책을 수립하는 것이 아니라 국가 전체와의 관계 속에서 입안해야 한다는 것이다. 인간의 경제활동, 사회적 관계, 생활영역에서의 자유는 최대한 보장해야 하지만 개개인의 다양한 생활영역이 서로 고립되어 존재하지 않기 때문에 법과 질서가 이를 규율해야 한다는 관점이다. 법치를 통해 '사회적으로 더불어 살아가는 삶을 실현'하는 것이다.

내가 독일에서 만난 많은 정치인들은 '사회적 해방'이라는 개념을 즐겨 사용했다. 단단한 사회안전망을 통해 개인 능력이 좀 더 많이, 좀 더 크게 발휘될 수 있는 제도를 말한다. 개인의 사회적 상승 기회가 더 많아지는 것은 물론, 사회적 연대를 통해 개인의 자율성이 더 많이 보장되는 제도다. 이를 통해 국가 경쟁력 역시 높아진다.

따라서 독일에서는 개인의 자유 못지않게 평등의 가치가 강조된다. 독일 시민들은 경제적으로 비교적 평등하다. 미국, 영국, 한국, 일본보다 개인 수입 격차가 훨씬 적고, 중산층 비율도 미국보다 훨씬 높다. 경제협력개발기구OECD는 전체 소득을 일렬로 세웠을 때 한가운데를 의미하는 중위소득의 75~200%를 중산층으로 정의한다. 2016년 12월 OECD 이슈 보고서에 의하면 미국은 중산층 비중이

50% 수준인 반면, 독일은 65%다. 우리나라는 60% 수준으로 OECD 평균보다 낮다. 독일 사회가 더 안정적이고 단단한 사회구성체를 형성하고 있다는 것이다.

독일은 또 '개인에게 재산이 없어서는 안 된다'는 원칙에 충실하다. 무산無産은 위험하다고 본다. 나치즘과 공산주의의 선전선동을 체험했기 때문이다. 따라서 독일은 개인의 주택 소유나 재산 형성을 산업 투자보다 우선하는 정책을 펴고 있다. 독일식 사회적 시장경제 정책의 핵심 중 하나인 개인 재산의 형성과 부의 재분배다. 개인 부의 형성을 시장에만 맡기면 소득 분배의 불평등이 야기되고 공정한 경쟁에 필요한 '경쟁 조건의 평등'이 파괴되기 때문이다. 부의 공평한 분배는 부가 사회적으로 형성된 것인 만큼 사회적·인간적으로 접근한다는 원칙이다.

독일에서 생활하면서 부러웠던 것 중 하나는 주택 정책이다. '인간다운 삶'이 보장되는 주택을 목표로 정부가 앞장서 정책을 마련했다. 대표적인 예가 '쇼치얼 보눙Sozialwohnung', 즉 '사회공공주택'이다. 70년대 사민당의 빌리 브란트 정부는 주택 부족 해소를 선언하고 자가 주택 소유를 장려했다. 기존 주택의 재건축을 통해 공간을 개선했다.

독일에서 주택은 투기의 대상이 아니라 철저하게 '사람 사는 집'이다. 독일은 주택을 여러 개 사서 바꾸고 늘리는 식의 투기 개념이 없다. 개인의 주택 소유를 독려하지만 오직 거주의 개념으로 집을 구매한다. 자기 소유 집이 없다고 해서 한국처럼 전월세 때문에 2년마다 집을 옮겨 다니는 불편을 겪지 않는다. 공공임대주택 비중이 북유럽 국가들에 비해 낮은 편이지만 임차권이 국가에 의해 강력하게 보장된다.

독일도 최근 급격한 주택가격 상승으로 어려움을 겪고 있다. 1인 가구 급증 등 인구구조는 급격히 변화하는데 공공임대주택 공급을 위한 독일 정부의 노력은 이에 못 미쳤던 것이다. 급격한 부동산 가격 상승은 내 집 마련의 꿈을 가진 사람들에게 많은 좌절을 주고 있고 월세 세입자들의 부담도 커진 것이 사실이다. 그럼에도 우리나라처럼 투기를 목적으로 하는 광풍이 불지는 않는다.

기본적으로 임대차 기간이 길다. 월세도 임차인 조합, 임대인 조합, 지방정부가 공동으로 임대료 기준표를 만들고 기준표의 10% 이상을 받을 수 없도록 제한하고 있다. 계약 당사자를 기준으로 임대료를 정하는 것이 아니라 해당 지역을 기준으로 정하는 것이다. 이 기준도 지방정부에 따라 달리할 수 있도록 함으로써 해당 지역의 특성을 반영할 수 있도록 한다.

임대 기간 동안에는 월세 인상도 3년에 20% 정도로 제한된다. 건물개보수비로 인한 임대료 추가 인상을 할 수 있는데 이것 역시 최근 연정협상을 통해 11%에서 8%로 제한선을 낮췄다. 저소득층에게는 '본겔트Wohngeld'라는 주거보조금 제도를 통해 임대료 전체 혹은 일부를 지원한다.

○ 사회복지는 연대이자 투자

독일에서 생활하며 또 감동을 받은 것은 장애인에 대한 배려였다. 장애인을 위한 저상 버스가 많이 운행되었고, 어디서나 자유롭게 다닐 수 있도록 시설을 개조해놓았다. 장애인들에 대한 정책이 이 정도라면 독일 사회복지 정책이 어떨지 궁금했다.

독일 연방헌법 제20조는 독일을 '사회 연방국가'로 정의한다. 사회적 연대와 자발적 책임이라는 두 가지 의미를 갖고 있다. 그중 사회적 연대가 바로 사회보장제도다. 독일은 5대 사회보장제도, 즉 의료·실업·연금·산업재해·간병보험 등에 더하여 육아·거주·교육 보조금을 지원하기도 한다. 후자인 자발적 책임은 개인 스스로 일자리를 찾고 행복을 추구해야 한다는 의미다.

오늘날 사회보장제도의 기원은 '백색의 혁명가'이자 19세기 독일을 최초로 통일하는 데 주역을 맡았던 비스마르크 총리로부터 출발한다. 당시 빌헬름1세 왕정 시절이었던 독일은 국가 주도의 급속한 산업화로 산업 노동자가 급증했고, 그만큼 사고도 많았다. 비스마르크는 이 같은 사고급증에 대비해 각종 보험을 도입하기 시작했고 이후 독일의 복지제도는 차근차근 강화되었다. 1883년 의료보험을 시작으로 1884년 산재보험, 1889년에 노령 및 장애인연금이 도입되면서 1880년대에 이미 3대 의무보험, 즉 의료·산재·연금보험 등이 갖춰졌다.

2차대전 이후 서독은 사회보장제도를 더욱 강화했다. 히틀러 집권 시기 일시적으로 국가가 직접 통제했던 제도를 조합자율운영제로 회복하고 라인 강의 기적에 따라 '열심히 일한 그대 이제 편히 쉬세요!'라는 슬로건으로 개인연금을 강화했다. 저출산·고령화 사회로 이동하면서 간병보험을 도입, 강화했다.

독일에서 개인의 행복은 천부적 권리이며, 이를 국가가 보장하고 있다. 개인이 행복한 환경에서 살 수 있도록 국가가 적극 지원해야 한다는 것이다. 독일 국민의 90% 이상이 의료보험과 실업보험 등의 복지 혜택을 받는다.

독일은 연금도 세계 최고 수준이다. 퇴임 후 개인이 받는 연금은 노동자 평균 순소득의 70% 정도나 된다. 매달 임금이 500만 원인 노동자라면 퇴임 후 350만 원 정도의 연금을 받을 수 있다. 독일의 국민연금은 경제활동 인구의 80% 이상을 포함하며, 공무원 연금 등 공적연금을 고려하면 가입률은 경제활동 인구의 90%에 이른다.

한국의 경우 국민연금 가입률은 경제활동인구 대비 91%가 넘지만 납부 예외자가 많고 연금에 의한 소득대체율은 40% 수준에 불과하다. 연금을 받더라도 정상적인 생활을 유지하기에는 수령액이 적다. 직장에서 밀려나는 베이비붐 세대를 포함해 장년층의 노후가 걱정되는 이유이기도 하다.

독일인들은 위기가 닥쳐도 당황하지 않는다. 실업률이 치솟고 화폐가치가 순식간에 바닥으로 떨어졌을 때도 서로를 굳건하게 지켜주었던 사회보장제도를 갖고 있기 때문이다. 그래서 독일에서는 복지혜택 의존도가 비교적 낮은 고소득자들도 세금을 아까워하기보다 당연하게 여기고 있었다.

독일에서는 실업을 해도 사회복지라는 안정네트워크가 실업자와 그의 가족을 빈틈없이 보살펴준다. 사회 구성원 누구에게나 최대한 삶의 수준을 보장해준다. 국민과 기업들이 세금을 잘 내는 이유다. 그리고 그들은 이를 통해 사회적 연대, 즉 공동체의 가치를 지켜가고 있다. 독일 연방노동부는 사회보장제를 "자립해서 생활할 수 없는 국민에게 인간으로서 누려야 할 삶의 길을 열어주는 것"이라고 정의한다.

○ 행복은 천부적 권리

독일 국민들이 정치인을 신뢰하는 또 다른 이유는 세금을 다른 유럽국가에 비해 많이 내지 않고도 사회보장제도가 잘 작동하기 때문이다. 독일은 프랑스나 북유럽국가들처럼 높은 부담을 지우지 않으면서도 복지제도를 비교적 잘 갖추고 있다. 중부담, 중복지제도다.

2015년 기준 프랑스의 국민부담률(GDP에서 조세와 사회보장기여금이 차지하는 비중)은 45.2%에 이르지만 독일은 37.1% 정도이고 한국은 25.2%이다. 반면 GDP 대비 사회복지를 위해 정부가 쓰는 비중은 프랑스 31.7%, 독일 25.0%, 한국은 10.1%이다. 유럽 사회가 국민이 부담하는 금액의 70% 정도를 사회복지로 다시 쓰는 반면, 한국은 40% 정도만 사회복지를 위해서 쓴다.

독일 사회복지제도는 보험을 넘어 가족친화적 사회를 위해 어린이 보조금으로 확장되고 있다. 독일의 아동수당은 1936년 도입되었는데[4], 전후 경제 기적이 일어나던 1954년부터 셋째 아이 이후 아동에게 지급되었다. 1975년부터는 첫째 아이부터 지급되었다. 동독의 경우 1950년 처음 지급되었다. 2018년 현재 독일은 첫째와 둘째 자녀에게 각각 194유로(약 25만 원), 셋째 자녀부터는 200유로, 넷째 자녀에겐 225유로를 지급한다. 현금지급과 세액공제 중 선택할 수 있으며 18세까지 지급되고 학업이나 군 입대를 할 경우 25세까지 받을 수 있다. 독일에 사는 외국인에게도 그대로 적용된다. 내가 베를린에서 만난 한국 유학생들은 외국인인 자신들에게까지 혜택이 돌아오는 독일 사회복지제도와 아동수당을 칭찬했다.

프랑크푸르트 시가 속해 있는 헤센 주정부는 2011년 '가족 카드'를 새로 만들었다. 미성년 자녀가 있는 가정에 보육과 보험, 할인 혜

4___ 당시 히틀러는 순수 아리안 혈통을 가진 가족의 다섯 째 자녀에 대해 아동수당을 지급했다.

택을 추가로 제공하는 제도다. 카드를 받은 가정은 보육시설 이용비 및 자녀 상해 보험비용을 면제받고 육아도우미를 지원받을 수 있다. 주정부가 이에 들인 예산은 지난해 40만 유로(약 6억 원), 올해 60만 유로(약 9억 원)에 불과하다.

독일 저소득층에게는 주택수당을 준다. 수입과 가족 수, 주택의 크기나 설비에 따라 만든 상세한 수당 기준표가 있고, 공평한 원칙에 따라 집세를 보조해주는 한편 난방비 등 부담금의 일부를 지급한다.

독일은 우리나라에 재형저축으로 잘 알려진 노동자의 재산 형성 저축을 1961년 세계에서 처음 도입한 나라다. 전후 독일은 주택난 해소와 재산 형성을 위해 1952년 '주택건설할증금법'을 제정했다. 주택자금 저축에 대해 가족수에 따라 25~35%에 해당하는 금액을 추가로 지급하는 제도다. 저소득층의 경우 기본할증금의 30%를 추가로 지급했다.

이후 1959년 '저축할증금법'을 통해 재산 형성을 지원하였으나 이 두 제도가 고소득층에게 더 큰 혜택을 준다는 비판을 받자 노동자에 한해 재산 형성을 지원하는 '노동자재산형성법'을 제정하였다. 일명 '624마르크 법'이다. 기업이 노동자의 재산 형성을 위해 624마르크까지 재형저축에 투자하면 30~40%의 저축 장려금이 붙고, 기업은 이에 대해 세재혜택을 받는 제도다. 가족이 있을 경우 연간 소득이 4만 8,000마르크, 독신자의 경우 2만 4,000마르크 이하면 누구나 가입할 수 있었다. 다만 부자나 다주택가구 소유자는 가입 자격이 없었다. 통상 자기 부담분의 합계가 7,488마르크에 불과해 주택저축은 약 7.5배의 결실을 가져다주었다.

농담 같지만 빈곤은 독일의 사회복지법에 의해 '금지'되어 있다고 해도 좋을 정도다. 독일은 사회적 연대의식에 기반해 이러한 복지제도를 법으로 만들어 보장해왔다. 독일의 사회보장제도가 얼마나 잘 발전돼 있는지를 보여주는 대표적 상징물이 '사회법전'이다. 사회보장제도를 법전으로 만든 나라는 아마도 독일밖에 없을 것이다.

사회법전은 총 12권으로 편찬되었다. ①사회법전 일반법 ②구직자를 위한 기본보장법 ③일자리 장려법 ④일반 사회보장제도 ⑤건강보험 ⑥연금보장 ⑦재해보장 ⑧어린이·청소년 지원 ⑨장애인 재활·지원 ⑩행정절차와 정보보호법 ⑪간병보장제도 ⑫사회부조 등이 그 내용이다. 법전은 국민 입장에서 국가가 사회보장제도의 전체 체계와 정보를 잘 알 수 있게 서비스하고 있다.

독일에서 경쟁력을 확보하지 못한 기업은 곧 퇴출된다. 다만 실업자가 돼도 크게 걱정할 필요가 없다. 앞에서 말했듯 임금에 상응하는 실업수당을 받을 뿐만이 아니라 재취업 기회가 보장되어 있기 때문이다.

내가 베를린에서 만난 마이어 씨는 어느 날 실업자가 되었다. 하지만 실의에 빠지긴커녕 또 다른 도전에 들떠 있었다. 그는 새 기술을 배우기 시작했다. 이는 실업 전 월 수입의 최고 한도인 약 70%를 생활비로 지급받고 건강보험 혜택을 받는 것 외에도 재취업을 준비하는 데 필요한 교육비와 교통비까지 제공받기 때문에 가능한 일이다.

독일은 '우승열패優勝劣敗(나은 자는 이기고 못난 자는 진다)'라는 자유 경쟁 원리가 질서 있게 잘 작동하는 나라다. 하지만 개인이 실업을 하게 되면 그들 뒷바라지는 국가가 나서서 한다. '종신 고용을 사회가 보장한다'는 슬로건 하에 국가가 마치 부모처럼 실업자의 재취업을 돌본다. 직업 교육을 통해서다. 독일 직업 교육은 세 가지 유형으로, 직능 고도화 훈련, 직종 전환 훈련, 새 직종 전문화 훈련 과정이 있다.

이 모두가 '삶의 질'을 높이기 위해 독일이 노력한 결과다. 브란트 총리는 집권 초 '국민 삶의 질'을 높이겠다고 공약하며 그 구체적 의미를 도르트문트 전당대회에서 이렇게 규정했다.

"삶의 질이란 단결에 의한 안심, 자기 결정과 자기 실현, 공동 결정과 공동 책임, 일자리에서 권력의 현명한 사용, 레저와 공동 생활, 자연과 문화 가치에 참가하는 기회, 건강을 유지하는 기회 등을 말한다. 요약하면 물질적 소비를 넘어서는 생활의 풍요로움이다."

사민당은 공약한 것과 같이 수준 높은 복지체제를 구현했고, 그 결과 지금과 같은 독일 사회를 만들며 국민의 지지를 얻을 수 있었다. 독일 경제 모델의 복지안전망은 경제력을 손상시키지 않으며 오히려 연대를 통해 삶의 질을 높인다. 이를 '사회적 제도의 우위'라고 부르기도 한다. 이것이 독일 경제가 강한 또 하나의 비결이다.

○ 경제민주주의의 힘

'박근혜-최순실 게이트'에서 나타난 정권과 재벌과의 유착은 한국 사회를 송두리째 흔들었다. 대한민국 경제 시스템의 새 틀 짜기가 필요하다는 자각과 함께 경제민주주의에 대한 국민들의 관심도 높아졌다.

독일의 경제민주주의에서 한국이 안고 있는 여러 문제점을 해결할 수 있는 방안을 보았다. 우선 재벌 문제 해법이 그러하다. 독일은 2차 세계대전 이후 나치즘을 청산하면서 '카르텔 법'을 제정, 재벌을 해체했다. 대신 '좋은 대기업 육성'에 올인, 성공했다. 업종 전문화를 통해 세계 경쟁력을 확보했다.

독일의 경제 정책 중심에 중소기업이 있다. 국가 연구개발R&D 예산 대다수를 중소기업에 투자한다. 한국같이 재벌이나 대기업에 국민 세금이 흘러들어가지 않는다. 지난 2013년 독일 총선 때 보수당인 자유민주당(FDP, 이하 자민당)이 '세계화에 부응해 우리도 대기업을 지원하자'는 공약을 내걸었다가 국회에서 퇴출당했다. '세금으로 왜 잘 나가는 대기업을 지원하느냐'는 국민들의 문제의식 때문이었다.

독일은 경제민주주의로 금융·산업 분리가 이뤄졌다. 금융을 국민의 품으로 돌려줬다. '폭스방크와 라이파이젠방크' 같은 협동조합은행이 금융의 중심축이다. 은행의 목표는 이윤추구가 아니라 공동체 경제를 지키는 것이다. 2008년 세계 경제위기 때 독일 중소기업들이 흔들리지 않을 수 있었던 것은 협동조합은행의 '키다리 아저씨' 역할이 있었기 때문이다.

특히 경제민주주의는 노동자의 경영 참여와 기업경영의 투명성을 강조한다. '기업경영의 안정과 투명성 법률' 같은 법제도뿐 아니라, 노동자 대표가 회사경영과 인사에 참여하는 노사공동결정제도가 정착됐다.

독일에서 노사는 타도나 대결 상대가 아니라 사회적 파트너로 인정하는 문화로 정착됐다. 독일은 노조가입률이 2016년 17%로, 60%가 넘는 북유럽 국가들에 비해 높지는 않지만 10.3%인 우리보다 훨씬 높다. 게다가 산별노조 중심의 체계를 갖고 있다. 우리나라 노총의 조합원수가 60만 명 정도인 것에 비해 독일은 금속노조 하나에 가입된 인원만 200만 명이 넘는다. 500인 이상 대기업의 경우 85% 이상 기업에 노동자평의회가 설치되어 있다.

노사공동결정제도로 인해 노동자들의 권리가 보호되고, 때문에 노조의 파업이 가장 적은 나라로 유명하다. 국제노동기구의 2016년 자료에 따르면 피용자 1,000명당 파업 손실일수는 우리나라가 104.1일인데 반해 독일은 1일에 불과하다. 독일 노총 산하 노동조합들은 스스로를 사회적 평화의 수호자로 간주한다. 이에 따라 일반적으로 법에서 허용한 제한적 범위 내에서만 파업이 이루어진다.

독일 시장은 경쟁과 더불어 분배를 강조한다. 질서 있는 경쟁을 통해 국민경제 파이를 키우지만 그 성과를 골고루 나누는 분배 정책에 초점을 둔다. 이런 원칙에 따라 독일 헌법재판소는 약자에게 부담을 지우는 것은 반인간적 정책으로 위헌이라고 판결한다.

2005년 슈뢰더 정부 때부터 실시된 사회보장체계 수정안 '하르츠IV'가 독일 헌법재판소로부터 위헌 판결을 받은 것이 그 예다. 하르츠IV 법안은 독일의 높아진 실업률을 해결하기 위해 실업급여와 저소득층에 대한 보조금을 통합해 전체 지원액을 줄이고 실업급여 수혜 자격을 크게 강화하는 것을 골자로 한 개혁조치다.

이 법안은 독일 사회에 새로운 발전과 도약의 계기를 마련했다는 일부 평가를 받았음에도 불구하고 헌재는 "월 최저 359유로의 임금은 실업자나 저소득층에 대한 정부의 지원액으로는 너무 적어 헌법상 보장된 존엄권을 침해한다"는 이유로 위헌을 결정했다. 결국 실업률 해소를 위해 가난한 사람이 더 많은 부담을 지도록 만들었다는 비판과 함께 최근 하르츠IV 폐지 압박이 커지고 있다. 경제 발전보다 '인간의 존엄성'을 지키는 일이 우선되어야 한다는 독일의 경제민주주의 철학이 반영된 사례다.

○ 지역경제와 중소기업을 살리는 박람회 산업

독일의 사회 시장경제의 또 다른 단면을 보여주는 것은 독일의 박람회 산업이다. 박람회는 사회 각 구성원들과 집단의 연대를 통해 시장경제의 작동원리를 철저히 따르면서도 시너지 효과를 높인다. 박람회는 정부, 전시 주최 기업, 참여 기업 간 연대와 협력이 없으면 성공하기 어려운 산업이다.

독일은 전 세계 전시산업 1위의 나라다. 대표적으로 100년 넘는 역사를 가진 프랑크푸르트 모터쇼와 북페어, 하노버의 정보통신 박람회CeBIT와 산업박람회, 뒤셀도르프 국제 인쇄 미디어 박람회, 뉘른베르크의 기계설비 박람회 등을 들 수 있다. 한국의 두산, 현대, 삼성 등 건설 대기업을 포함한 세계적 기업들의 건설자재 박람회가 열리는 뮌헨, 3대 국제 영화제 중 하나인 베를린 영화제와 많은 세계적 박람회를 개최하는 수도 베를린, 이밖에도 각 도시마다 크고 작은 수많은 박람회가 열린다.

독일에 체류할 때 뮌헨에서 건설자재 박람회가 열린다는 정보를 듣고 방문한 적이 있다. 독일에서 열리는 거의 모든 박람회는 인산인해다. 박람회 기간 동안 뮌헨 지역 숙소를 구하는 것도 하늘의 별따기였다. 대사관, 코트라 등에 도움 요청을 해보아도 이미 2~3년 전부터 전 세계 건설관련 업체들이 준비를 하기 때문에 이 기간에는 숙소를 구하기 굉장히 어렵다는 대답과 핀잔만 돌아왔다. 천신만고 끝에 뮌헨에 사는 교민의 도움을 받아 숙소를 겨우 구했다. 숙소는 비쌌지만 관람객이 교통수단을 무료로 이용할 수 있도록 한 지방정부의 정책으로 박람회장 주변 시설을 편히 둘러볼 수 있었던 점이 인상 깊었다.

전 세계의 대표적 국제전시회 중 2/3가 독일에서 개최되며, 전 세계 초대형 전시장 7개 중 4개가 독일에 위치한다. 해마다 수많은 해외 기업들이 단지 전시회 참가만을 목적으로 독일을 찾는다. 매년 170건 정도의 국제 또는 국가 전시회가 개최되는데, 참여업체는 18만 개 기업에 달하고 방문객은 1,000만 명에 달한다. 지역 전시회까지 합치면 참가업체는 23만 개, 방문객은 1,500만 명을 넘어선다. 한국은 2016년 총 전시회 수가 568건으로 독일보다 많음에도 참가 업체는 8만 5,000여 개 사, 방문객 수는 800만여 명에 불과하며, 주로 1만㎡ 이하의 중소규모 전시회가 대부분을 차지한다.

코트라 자료에 따르면 전시회 참가업체와 방문객은 연간 약 120억 유로(약 15조 원)를 지출하며, 생산 및 고용효과는 235억 유로(약 30조 원)에 달할 것으로 추정된다. 독일의 국제 및 국가 전시회에는 약 5만 8,000개의 독일 소재 기업이 참가하며, 이 중 85%는 중소기업으로 B to B(기업 대 기업) 마케팅의 공간인 전시회가 독일 중소기업 판로 개척에 큰 도움이 되고 있다. 독일의 전시회는 지역경제 활성화와 독일 중소기업들의 성장에도 큰 도움을 주고 있는 것이다.

독일 전시산업이 이렇게 성장할 수 있었던 것은 유럽 중심부에 위치한 지리적 장점, 오랜 전시회 개최 역사에 더해 연방정부와 지방정부, 기업들의 연대와 협력을 통한 끊임없는 혁신이 있었기 때문이다. 독일의 전시장은 대부분 해당 자치정부나 연방 주가 소유하고 있다.

지하철, 국제공항 등 편리한 교통환경을 가진 곳에 자리하고 있다. 또한 버스, 지하철, 주요 공공시설 등에 전시회를 위한 광고와 홍보물을 가득 채워 도시 전체가 전시회를 위한 광고 매체 역할을 하도록 전폭적으로 지원한다.

독일의 전시 주최 기업[5]은 철저하게 시장경제의 수요와 공급의 원리에 따라 전시를 기획하지만 끊임없이 협력한다. 박람회가 경쟁의 공간인 동시에 연대의 공간이 된다. 관련 산업기관 및 단체, 참가기업 등으로 구성된 위원회를 통해 끊임없이 소통하여 해당 산업 전문가들도 놀랄 정도로 업계의 트렌드와 니즈를 충실히 반영한 전시회를 기획한다. 또한 독일의 전시기업들은 참가업체 모집보다 참관객 유치에 더 힘을 쏟는다. 독일의 관광청 등 연방 공공기관들도 이러한 참관객 유치를 위해 협업한다. 이러한 협력을 통한 노력이 독일을 전 세계 전시산업의 메카로 만든 것이다.

이 같은 결과로 빚어진 독일 박람회 산업을 보고 독일을 뛰어넘는 우리 대한민국 모델을 어떻게 만들어가야 할까 고민할 수밖에 없었다.

5___ 2016년 독일 전시 주최 기업들의 매출은 38억 유로(약 5조 원)에 달한다. 세계 매출 상위 10대 전시기업 중 네 개가 독일 기업으로 독일 1위 기업인 메세 프랑크푸르트는 2016년 약 6억 5,000만 유로(약 8,500억 원)의 매출을 올렸다. 이들 전시기업들은 오랜 박람회 노하우와 시스템을 기반으로 전 세계에 진출해 전시회를 개최해서 매출액을 높이고 있다. 전체 매출 중 15%가 해외 전시회 매출이다.

한국의
'대동 시장경제' 모델

○ 1%의 부자 vs 모두가 잘사는 사회

독일에 살면서 독일과 한국의 두드러진 차이점을 또 하나 발견했다. 독일이 단단한 중산층과 사회안정망이 구축된 사회인 반면 한국은 '출세해야만 대접받는 사회'라는 점이다. 우리는 독일같이 '모두가 잘사는 나라'가 애초부터 불가능한 나라일까. 우리에게는 그러한 전통을 찾아볼 수 없을까.

고등학교 때 〈샘터〉라는 잡지를 읽다가 한 고사성어를 보았다. '불환빈 환불균不患貧 患不均'. '백성은 가난에 분노하기보다 공평하지 못함에 화낸다'는 뜻이다. 원래 불의하고 부정한 일에 잘 못 참는 성격이었던 나는 이 문구에 빨려들 듯 이끌렸다. 모두가 공평하게 잘사는 사회, 누구나 동등한 권리를 누리고 기회를 가질 수 있는 사회가 없을까. 그런 사회를 만들고 싶다는 구체적인 꿈이 그때부터 자리 잡았다. 모두가 더불어 잘사는 '대동 사회'는 내 정치적 좌우명이 되었고, 방명록 등에 '더불어 잘사는 대동 세상'이라는 글을 남겨서 내 의지를 다졌다.

대동 사회는 '공공선公共善이 보장되는 사회'로 '모두가 함께 인간다운 삶을 영위하는 사회'다. 대동 사회는 원래 공자가 꿈꾼 사회이기도 하다. 공자는 대동 사회를 "능력 있는 사람이 지도자로 선출되고, 신의가 존중되며 화목한 사회이자, 늙은이는 여생을 편안히 마치게 되고 젊은이는 자기의 적성과 능력에 맞는 일자리에서 활동하게 되는" 곳이라 설명했다. 또 "어린이들은 곱고 바르게 자라게 되고, 홀아비와 홀어미며 의지할 곳 없고 불구가 된 사람들은 모두 편안히 보호를 받게 되는 사회"라고 정의했다. 성리학자인 퇴계 이황 역시 공자의 영향을 받아《성학집요》에서 '대동 사회론'을 주창하기도 했다.

현대적 의미에서 대동 사회는 정의로운 사회이자 사회복지가 잘 구축된 나라다. 독일의 사회 시장경제보다 더 높은 개념이 '대동 사회'라고 본다. 대동 사회를 경제 영역에서 설명하면 일자리가 보장되고, 실업자가 없을 뿐 아니라 사회적 약자들에게 무상 보육이 보장되는 사회다. 사회적인 불평등을 해소하기 위해 적극 행동에 나서는 국가다.

노무현 대통령이 꿈꾼 '사람 사는 세상'이 바로 대동 사회와 맥이

닿아 있다. 문재인 정부가 내건 '사람이 먼저다'와 '소득주도 성장'이라는 철학과 목표와도 연결된다. 한국처럼 불평등이 심화된 상황에서 최저임금 인상, 아동수당, 기초연금, 청년수당, 건강보험보장성 강화 등 복지를 통해 가계 소득을 늘리고 불평등을 줄여나가는 것은 당연한 국가의 임무다. 이를 통해 소비가 활성화되고 다시 산업 성장으로 이어져 경제가 선순환되는 것이 소득주도 성장이다.

○ 중소기업이 중심인 공정한 시장경제

그동안 한국은 신자유주의 정책으로 양극화 및 불평등이 심화되어 왔다. 또한 전체 국가 부의 파이는 늘었지만 소수에게 집중되는 현상을 빚어왔다. 일각에서 끊임없이 부가 아래로 내려가는 '낙수 효과'를 주장하지만 현실은 그렇지 못하다. 오히려 대기업 대 중소기업, 중소기업 대 자영업, 대기업 노동자 대 중소기업 노동자, 정규직 대 임시직의 임금 격차는 더욱 커지고 있다.

2017년 수출기업 중 상위 1%인 1,000대 기업이 전체 수출액의 84.3%를 차지하고 있다. 또한 고용노동부가 2017년 발표한 자료를 보면 정규직 월 평균 임금은 370만 원, 임시 일용직은 154만 원, 300인 이상 근무하는 기업은 468만 원, 중소기업으로 분류되는 5~300인 미만 사업체는 303만 원으로 큰 차이를 보인다.

독일에는 '구구 팔팔'이라는 단어가 있다. 독일의 중소기업 수는 360만 개로 독일 전체 기업의 99%이며, 이들 기업이 젊은 층에게 직업 교육의 기회를 80% 이상 제공한다는 사실에서 비롯된 단어다. 이들 기업들 중 다수가 세계 시장에서 틈새시장을 개척해 경쟁력을 확보한 미텔슈탄트(중견기업), 히든 챔피언이다.

히든 챔피언 개념을 만든 독일의 경영학자 헤르만 지몬은 '세계 시장 점유율 1~2위, 연간 매출 40억 달러 이하, 수출 비중 50% 이상 기업이지만 일반에 잘 알려지지 않은 업체'로 이를 규정한다. 세계 히든 챔피언 기업의 절반인 1,500여 개가 독일에 있는 반면 한국의 히든 챔피언 기업은 23개에 불과하다. 독일은 이같이 뛰어난 기술력을 가진 히든 챔피언들이 강소기업으로 시장에서 버티고 있어 한국 같은 '갑질 문화'가 자리 잡지 못한다.

독일이 한국과 다른 기업문화를 형성할 수 있었던 데는 정부 정책의 뒷받침이 있었다. 히든 챔피언 전문가인 만하임 대학의 빈프레드 베버 교수 등 독일의 전문가들은 히든 챔피언의 성공 요인으로 다섯 가지 정책을 공통적으로 꼽고 있다. 지방정부와 지역상공회의소의 중견기업 지원, 연방정부의 해외 수출지원과 시장개척 전략, 지역은행의 '키다리 아저씨' 역할, 기업들을 위한 융복합 산업 클러스터 운영, 그리고 우량기업 경쟁력의 연속성을 위한 세제감면과 정책지원이 그것이다.

독일 기업들은 또 투명경영을 하고, 나아가 기업주들이 노블리스

오블리제를 실천한다. 2008년 경제 위기 때 기업주들은 고통분담 차원에서 부자 세금인상을 주장했고, 알디를 포함한 여러 기업들이 할인 판매를 실시했다. 2007년 메르켈 정부는 이들 우량기업에 대해 세법을 개정해 고용 수준을 이후 10년간 100% 유지하면 상속세를 면제해주고 있다. 2009년에는 상속세 규정을 더욱 완화해 7년간 고용 수준을 유지하면 상속세를 100% 면제, 5년간 90% 고용을 유지하면 85% 면제하기로 했다. 노사협력, 투명경영, 노블리스 오블리제 등 기업의 윤리를 지켜가니 우량기업에 대한 상속세 면제에 대해 국민 저항도 생기지 않는다.

그러나 우리는 어떠한가. 대기업은 온갖 부정한 방법과 편법을 동원해 경영권을 지키고 세습하며, 문어발식으로 중소기업의 영역까지 사업을 확장하는 탐욕을 부린다. 지난 2016년 국회 기획재정위원회 위원으로 국세청 법인세 자료를 받아 분석해본 결과 지난 5년간 상위 10대 기업의 세액공제감면액이 무려 20조 4,337억 원으로 전체 법인의 감면세액의 44%를 차지했다. 59만 개에 달하는 법인 중 불과 10개 법인이 전체 감면세액의 절반을 감면받고 있는 것이다. 국회 기획재정위원회 위원으로 이러한 대기업 중심의 경제체제와 정부 지원, 특권층 부의 집중 문제, 탈세와 부패 등의 문제를 끊임없이 지적하고 개선을 요구하고 있지만 쉽게 나아지지 않는 것이 현실이다.

우리 사회도 일감 몰아주기 등에 대한 엄정한 법 집행을 통해 재벌

총수일가가 사익을 위한 용도로 대기업을 사용하지 못하도록 하고 우회출자 등을 통해 편법적으로 지배력을 확대하는 것을 차단해야 한다. 일반 주주들이 기업의 주인이 되고 더 많은 민주주의를 얻을 수 있도록 전자투표 도입 등의 방안을 마련함이 마땅하다.

또한 대기업보다 많은 중소기업들이 혜택을 받도록 해야 한다. 대기업이 누리는 세액공제감면을 축소하고 대신 중소기업이 받는 혜택을 늘리는 식이다. 중소기업이 대기업에 피해를 받는 일이 없도록 기술탈취 등에 대해서도 규제를 강화하고 대기업과의 거래과정에서 협상력을 높일 수 있도록 해야 한다. 우리 국민의 많은 수가 중소기업 노동자다. 대기업의 탐욕 때문에 중소기업이 무너지면 대다수 가계의 경제도 무너질 수밖에 없다. 우리가 중소기업을 지켜야 하는 이유다.

○ 내가 서 있는 곳의 주인이 되는 '노동이사제'

'내가 서 있는 곳의 주인이 되는 사회'를 만들기 위해 독일은 '노사공동결정제도'를 도입했다. 경영자와 노동자가 투쟁의 대상이 아닌 협력 파트너가 되는 문화를 만든 것이다. 지멘스, BMW 등 독일의 여러 기업을 방문했을 때 그들은 한결같이 노사공동결정제를 자랑했다. 노동자가 제대로 대접받기 때문에 더욱 열심히 일하게 된다는 것이다.

BMW의 얀 엘런 이사는 독일 노사공동결정제의 핵심 철학이 무엇이냐는 나의 질문에 "사람을 버려두고는 발전할 수 없다는 철학에 기반한 것"이라고 설명한다. 칼 마르크스가 지적했던 바와 같이 "사람을 소외시키는 사회는 발전할 수 없다"는 것이다. 이들은 "노사공동결정제도라는 사전 합의를 통해 문제를 해결하고, 나아가 기업의 투명 경영과 더불어 미래 동력을 모을 수 있다"고 설명한다.

독일은 노사가 힘을 합쳐 일자리 나누기로 지속성장을 이어가고 있다. 대표적인 성공사례가 1990년 독일 폭스바겐의 경우이다. 이 회사는 불황으로 약 3만 명의 해고 위기를 맞았지만 노사가 합의해 임금보전 없는 노동시간단축을 통한 일자리 나누기로 위기를 극복했다. 당시 노동시간을 20% 줄이고 임금을 16% 깎았다. 그렇게 일자리를 나눠 3만 명이 해고되지 않았는데, 노사공동결정제도가 있기에 가능했다. 사측은 해고 때 발생하는 해고비용을 들이지 않아도 되었고, 나중에 회사가 정상화되었을 때 숙련 인력을 보유함으로써 생산성도 유지하는 '윈-윈' 효과를 얻었다. 이는 노사 협력의 대표적 성공 사례로 세계적으로 회자되고 있다.

독일의 노사공동결정제도가 성공적으로 안착한 것은 사회 문화와도 연관이 있다. 노사뿐 아니라 정치에도 연정과 협치가 잘 이뤄지기 때문이다. 또한 독일 정부는 "노사공동결정제를 잘 이행하는 기업일수록 생산성과 행복도가 높았다"는 연구결과를 담은 백서를 발표하기도 했다.

다행히 한국에서도 서울시가 2017년 처음으로 투자·출연기관에 노동이사제를 도입했다. 한국판 노사공동결정제로 가기 위한 징검다리 제도라고 볼 수 있다. 또한 문재인 정부 차원에서도 노동이사제 도입에 박차를 가할 전망이다. 윤석헌 금융감독원장이 금융공공기관부터 노동이사제를 도입해야 한다는 권고안을 이미 내놓았기 때문이다. 따라서 정부 차원에서 금융 및 공공기관을 중심으로 노동이사제 도입이 활발하게 논의될 것으로 예상된다.

물론 재계의 반발이 있을 것이다. 우리나라에서 노동이사제가 안정적으로 정착되기 위해서는 노사 간 상호 신뢰관계 확립이 관건이다. 또한 노사정의 대타협도 성사되어야 한다. 노사가 일심동체라는 문화가 정착될 때 한국 경제의 경쟁력은 더욱 강화되는 것이다.

노동이사제는 '대동 사회'의 철학과도 일치한다. 협력하는 공동체 의식이기 때문이다. 원래 한국 사회는 '우리'라는 개념이 강했다. 단결된 힘으로 후발국가지만 산업화, 민주화, 정보화를 어느 나라보다 앞서 달성할 수 있었다. 이를 통해 '한강의 기적'을 만들어냈다.

이 같은 위대한 국민들이 일하는 일터에 노동이사제, 독일 같은 노사공동결정제를 도입하지 않을 이유가 없다. 오히려 주인의식으로 집단적 초능력을 발휘하는 '정치적' 촛불혁명이 '경제적' 촛불혁명으로 이어질 때 독일을 넘어 세계 경제 강국으로 우뚝 설 수 있다.

○ 더 많은 복지가 생산성과 창의성을 높인다

한국은 박정희 정권 때부터 부분적으로 건강보험·국민연금·고용보험·산재보험 등 사회보험제도를 차례로 도입해 시행하고 있다. 그러나 아직 4대 보험에 가입해 혜택을 받고 있지 못한 국민이 4명 중 1명꼴이다.[6]

이 같은 4대 보험 사각지대는 사회 양극화를 더 악화시키고 있다. 소득 상위 계층은 보험료를 제때 내고 4대 보험 혜택을 받는 반면, 소득 하위 계층은 보험료를 내지 못해 혜택에서 비켜나 있다. 저소득층의 경우 발병률이 더 높고, 고용 안정도 취약해 4대 보험 혜택이 더 필요한데 현실은 정반대다. 이것이 대한민국이 독일 같은 복지국가로 가야 하는 이유이다.

또한 2016년 기준 독일의 GDP 대비 사회복지 지출 비중은 25.3%인데 우리나라는 10.4%에 불과하다. OECD 평균인 21.0%와

---

6 __ 국민건강보험공단에 따르면 2017년 기준으로 6개월 이상 건강보험료를 내지 못한 생계형 체납자가 85만 4,000가구 정도 된다. 이들은 경제적 부담으로 병원에 자유롭게 갈 수 없다. 국민연금 가입 대상자 2,200만 명 중에도 돈이 없어 연금을 불입할 수 없는 납부예외자가 380여만 명이다. 노년에 연금을 받지 못하는 인구도 많다. 경제활동인구 2,800여만 명 중 1,300여 명 정도만 고용보험에 가입되어 있다. 임금 노동자 1,900만 명 중에서도 600만 명 정도는 고용보험에 가입되어 있지 못하다. 경제활동인구의 65% 정도만이 산재보험을 적용받고 있고 비정규직이나 시간제 노동자 등의 경우 30%도 안 되는 적용률을 보이는 것을 감안하면 실제적으로 4대 보험 혜택을 받지 못하는 인구는 더욱 많아진다.

비교해도 절반에 못 미친다. 핀란드와 같은 북유럽 국가들은 30%에 이른다. 한국에 더 많은 복지 투자가 필요하다. 충분한 사회보장을 위해 궁극적으로 증세를 해야겠지만 현재 예산 부문 간 조정으로도 복지투자를 늘릴 여력은 있다.

앞서 말했듯 독일이나 북유럽의 복지국가들은 국민이 부담하는 세금과 기여금의 70%를 사회복지 지출로 투입하는 반면, 우리나라는 40% 수준에 불과하다. 사회의 수준이 다르다 하더라도 재원 간 조정을 통해 복지투자를 확대할 여력이 있는 것이다. OECD 34개 국가 중 우리나라보다 사회복지 지출 비중이 적은 나라는 없다. 우리나라보다 국민부담률이 낮은 국가는 아일랜드가 유일하다. 경제규모가 우리의 1/10이 채 되지 않고, 1인당 국민소득이 1만 2,655달러에 불과한 헝가리조차도 국민부담률은 39%에 이르고 사회복지 지출 비중은 우리의 두 배(20.6%) 가까이 된다.

재정조정을 통해 복지투자 여력을 늘린다고 하더라도 결국 증세는 피할 수 없다. 우리 사회의 복지 지출은 급증하고 있고 이에 따라 국가채무도 지속적으로 증가하고 있다. 결국 미래세대, 우리 아이들의 부담이 된다. 증세 문제는 단순히 국회 차원에서 법안을 두고 논의할 것이 아니라 사회적 공론화가 필요하다. 법으로 최고세율 구간을 추가 신설한다고 해도 지금의 복지부담 추세를 감당하기는 쉽지 않기 때문이다. 박승 전 한국은행 총재는 법인세, 종합부동산세, 소득세 순으로 증세를 하는 것이 옳다고 이야기한다. 세금은 단순히 한 세목의

세율뿐 아니라 공제 등 각종 감면조치와도 관계가 있기 때문에 이 제도들 간의 상관관계를 고려해 설계해야 하고 어떤 세목을 어떻게 올릴 것인지에 대해서는 국민에게 충실하고 솔직하게 설명하고 공론화해나가야 한다.

미국의 신자유주의를 신봉하는 자들은 복지 정책에 반대한다. "무상복지, 보편적 복지의 개념이 확대되면 공짜를 남발해 시장경제 원리가 무너지고 결국 무임승차자만 늘어난다"고 주장한다. 하지만 실제 독일이나 북유럽 국가들을 보면 그 같은 현상이 두드러지게 나타나지 않음을 알 수 있다.

반대로 복지 정책이 경제에 미치는 긍정적 연구결과가 속속 발표된 바 있다. 2014년 보건복지부는 (사)한국고용복지연금연구원과의 공동연구보고서에서 "보건·의료 부문의 사회 지출은 사회적 이동성과 생산성 제고를 통해 성장에 도움이 되고, 보험적 성격의 사회 지출은 불확실성 완화, 사회통합 유도, 위험부담 비용 축소 등을 통해 총요소생산성 향상, 투자환경의 개선 등을 가져온다"고 밝혔다. 사회안전망이 탄탄할수록 더 창의적으로 열심히 일하게 된다는 것이다.

또한 서울대학교 행정대학원은 "사회복지 지출 비중이 높아질수록 ICT 산업을 중심으로 산업생산성도 증가한다"는 내용의 연구논문(김준성, '사회복지제도와 산업생산성과의 관계에 대한 연구', 2015년 8월)을 발표하기도 했다.

내가 경남도지사 시절에 무상급식을 전면적으로 시행하자 보수여당을 중심으로 "이건희 손자에게도 무상급식을 해야 하냐"며 "무상급식이 나라를 망친다"는 반대여론이 펼쳐졌다. '공짜'라는 말이 주는 부정적 뉘앙스를 이용한 것이다. 하지만 실제 이건희 손자는 결코 '공짜 밥'을 먹지 않는다. 왜냐. 급식이 주어지려면 세금이 필요한데, 이건희 손자의 부모나 조부모는 다른 사람보다 더 많은 세금을 냈다. 그러니 그가 먹는 급식은 '공짜'가 아닌 것이다.

문재인 정부는 사상 최초로 아동수당을 도입했다. 최근 자유한국당이 아동수당 지급 대상에서 소득 상위 10%를 제외하자는 주장을 완강히 펼쳐 논란이 되기도 했지만 독일의 경우 모든 아이들에 차별을 두지 않고 아동수당을 지급한다. 또한 이번 정부는 '문재인 케어'로 불리는 건강보험 보장성을 강화하고 있다. 기초연금, 청년수당 등 복지도 강화하고 있으며, 공공부문 일자리 확대도 추진하고 있다.

하지만 아직 갈 길이 멀다. 독일과 같이 '더 많은 복지'를 통해 튼튼한 사회적 안전망을 구축해야 한다. 전체 일자리 대비 7.6%로 OECD 평균의 절반에도 못 미치는 수준인 공공부문 일자리도 사회서비스를 중심으로 적극적으로 확대해야 한다.

더 많은 복지를 통해 모든 구성원이 인간다운 삶을 누릴 수 있고, 사회적 자원 배분을 통해 양극화를 해소하며, 더 열심히 일할 수 있어야 더 창의적인 사회를 만드는 게 가능하기 때문이다.

베를린 자유대 세미나

독일은 어떻게 이런 사회를 만들 수 있었을까. 우리 사회를 독일처럼 삶의 여유와 작은 행복이 느껴지는 곳으로 만들려면 어떻게 해야 할까. 독일을 뛰어넘는 대한민국 모델을 어떻게 만들 수 있을까.

#2

연방제와
자치·분권의
시대

사회 연방국가로
번영과 통일을 이룬 독일

○ 고도의 민주주의가 만드는 통합의 힘

"연방제야말로 고도의 민주주의를 실현할 수 있는 장점이 있다. 다양한 참여를 보장할 뿐만 아니라 지역의 정체성을 살릴 수 있기 때문이다. 지역 분권을 통해서 논의와 타협을 통해 더 강하고 행복한 나라를 만들어왔다."

독일 베를린에 있는 연방상원 분데스라트Bundesrat를 방문했을 때 상원 사무총장이 내게 한 말이다. 독일의 연방제에 대한 자부심과 긍지가 대단했다.

독일은 헌법인 기본법 제27조 1항에 독일을 '사회 연방국가'로 규정하고 있다. 제27조 2항은 "모든 국가의 권력은 국민으로부터 나온다"고 기술한다. 대한민국 헌법 제1조 1항과 같은 내용이다. 독일 헌법의 이전 조항들은 인간의 기본권을 중심으로 나열하고 있다. 나치즘과 공산정권을 경험한 독일은 인권을 헌법의 가장 중요한 가치로 삼고 있다.

독일 헌법 제27조에 사회 연방국가와 국민주권을 나란히 규정한 것은 연방국가야말로 국민주권을 가장 잘 실현할 수 있는 제도이기 때문이다. 제도 자체가 민주적 완결성을 지닐 수는 없겠지만, 연방제는 권력을 최대한 분산하는 시스템이다. 권력분산을 통해 주민과의 접점을 최대한 늘리고 주민참여예산제도, 주민발안, 주민소환, 주민투표 등을 통해 주민의 권력을 키우는 제도다. 독일을 포함해 미국, 스위스 등 오늘날 선진국들은 연방제를 국가 운영의 근간으로 삼고 있다.

독일은 연방제를 통해 연방과 주를 대등한 관계로, 헌법기관으로서 하원과 상원을 상호 의존적인 관계로 만들었다. 특히 헌법에 연방과 주, 주와 주의 재정균형 원칙을 규정하고 있다. 전국이 골고루 함께 잘사는 나라를 만들겠다는 의지다.

독일 연방제의 역사적 뿌리는 깊다. 독일은 역사적으로 분권의 나라였다. 제1제국으로 불리는 신성로마제국 시대부터 독일은 수많은 공국으로 존재했다. 1871년 비스마르크가 주도한 독일 통일 이후에도 연방제 형태의 국가를 운영했다. 각 지역의 특수성과 문화를 존중한 것이다. 특히 전후 독일이 사회 연방제를 헌법에 규정한 배경은 중앙집중 권력을 행사한 나치의 역사와도 깊은 연관이 있다. 독일 북부인 슐레스비히-홀스타인 주의 잉그베르트 리빙 전권대사[7]는 "나치 같은 중앙집권제를 만들지 않겠다는 연합국이 연방국가 탄생에 산파 역할을 담당했다"고 밝혔다. 전후 전승국들은 독일에서 주 단위부터 선거를 실시했다. 연방국가보다 주가 먼저 생겨난 것이다.

그럼 독일의 사회 연방국가는 어떤 특장점을 가지고 있는가. 연방국가의 특징으로는 먼저 '협력 분권주의'를 꼽을 수 있다. 분권이 오히려 협력을 만든다는 것이다. 지난 2017년 총선 이후 연정 협상에 5개월이 걸렸다. 전솔 독일연구소 퀸 소장은 "그럼에도 독일이 문제없이 운영된 것은 연방제 덕분"이라고 말한다. 각 주가 자치를 통해 잘 작동하기 때문이다.

독일 전문가들은 연방국가의 장점에 대해 세 가지로 정리한다. 무엇보다도 다양한 시민의 참여가 보장된 제도라는 것이다. 한국의 동과 면에 해당하는 게마인데Gemeinde, 시·도에 해당하는 주, 중앙의 연방정부, 유럽연합 등 다차원적 참여가 보장된다. 둘째, 민주시민으로의 정체성은 지역 특성과 떼어놓고 생각할 수 없다는 것이다. 고향에서 행복하게 살아가는 것이 주권이기 때문이다. 따라서 독일은 축

7___ 각 주 정부에서는 연방상원의 입법, 예산 등에 대응하기 위해 수도인 베를린에 대사관과 같은 대표부를 설치하는데 이 대표부의 최고 수장.

구클럽, 맥주, 자동차 등 모두 지역 고유의 브랜드를 갖고 상호 경쟁
하면서 발전하고 있다.

셋째, 연방제는 시민과 정치인들이 민주주의 근본인 타협과 합의
를 만들어간다. 오늘날 독일의 강하고 행복한 힘의 원천을 묻는 질문
에 대해 슐레스비히-홀슈타인 주의 베른 박사는 "협상과 타협을 통
해 사회적 갈등을 최소화하는 통합의 힘은 연방제에서 나온다"고 평
가하면서 "정부 및 정치가 그 정당성을 갖게 되면서 힘을 받는다"고
말한다. 이것은 노무현 대통령이 꿈꾼 유러피언 드림의 핵심 가치인
균형 발전이면서 내가 이장, 군수, 장관, 도지사를 지내며 꿈꿨던 시
스템이기도 하다.

문명의 발전사를 다룬 《총, 균, 쇠》의 저자 재레드 다이아몬드 박
사는 "18세기까지 유럽보다 우위를 점하던 중국이 혁신하지 못한 것
은 황제 중심의 중앙집권 때문"이라면서 "유럽은 분열에 의한 경쟁
으로 혁신이 일어났다"고 분석했다. 한 국가에서도 연방이라는 분권
을 통해서 경쟁과 협력이 나라 발전을 일으키게 된다는 지적이다. 유
명한 정치학자인 J. 브라이스는 "지방자치란 민주주의의 최상의 학
교이며 민주주의 성공의 보증서라는 명제를 입증해준다"고 말했다.
바로 독일이 이를 실천하고 있었다.

○ 연정으로 존경받는 정치인

독일에서 '역사상 가장 존경하는 인물을 꼽으라'는 설문조사를 실시하면 정치인들이 가장 높은 순위를 차지한다. 2009년 독일의 중도 우파 성향의 최고급지인 〈프랑크푸르트 알게마이네 차이퉁〉이 여론조사 기관인 알렌스바흐 연구소에 의뢰해 실시한 '독일 최고의 인물'을 묻는 설문조사에서 건국의 주역인 콘라트 아데나워 총리와 동방정책의 실행자인 빌리 브란트 총리가 동률 1위로 나타났고, 이어 헬무트 슈미트, 헬무트 콜, 한스 디트리히 겐셔(통일 독일의 주역. 전 외무부 장관) 순으로 나타났다. 독일에서 정치인은 정직과 존경의 대명사인 셈이다.

노무현 대통령 역시 국회 탄핵으로 직무가 정지된 이후 연세대에서 가진 '변화의 시대, 새로운 리더십'이라는 강연에서 '정치 리더의 자질'에 대한 대학생 질문에 "역사를 진보하는 방향으로 이끌어갔느냐, 퇴보하는 방향으로 역류시켰는가가 최고 기준"이라면서 "독일 아데나워와 브란트 총리가 역사에서 아주 높이 평가받는다"고 말했다.

독일에서는 어떻게 이런 정치인의 역할 수행이 가능했던 것일까. 헬무트 슈미트 총리는 자서전을 통해 '모범'이라는 단어로 이를 설명한다. 그는 모범을 "우리에게 희망과 함께 나아갈 방향을 제시하는 것, 우리 스스로 길을 갈 수 있도록 용기를 주는 것"이라고 정의했다.

빌리 브란트 총리 사진 앞에서

독일에서 정치인은 정직과 존경의 대명사다. 사민당의
빌리 브란트 총리는 나에게 많은 감명을 주었다. 그는 분
단의 최전선인 베를린에서 어떻게 냉전의 장막을 걷어낼
지 고민하고 또 고민하면서 새로운 미래를 설계했다.

독일에는 모범적인 정치 리더들이 많았다. 그리고 그 중심에 사회 연방국가가 있었다.

독일은 2차 세계대전 이후 단독정부가 존재한 적이 없다. 선거가 끝나면 최다 득표를 한 정당을 중심으로 정당들이 모여 공약 단일화 협상을 한다. 장관 배분은 다음이다. 하나의 정당처럼 정책을 단일화한다. 이 과정에서 강력한 힘이 생긴다. 각 당이 제출한 대안·지혜·정책·인물 가운데 최선의 것을 선택한다. 한 개의 당에서 선택한 정책과 인물보다 몇 개의 당이 제시한 것 중 최선을 고르는 편이 더욱 좋은 결과가 나오는 것은 당연하다. 이것이 공동체를 위한 최선의 선택이고 연합체의 궁극적인 목표이다. 바로 연정과 연방국가의 힘이다.

독일에서 체류하는 동안 나는 영국, 스페인, 벨기에, 스웨덴, 덴마크 등 여러 유럽 국가들을 방문했다. 에버트 재단이 나의 연수를 위해 만든 프로그램을 통해서다. 하루는 스웨덴 베스테르빅 시를 방문했다. 인구가 3만 6,000명 남짓한 지방의 작은 도시지만 보수 온건당 시장과 진보 사민당 부시장 간 연립정부를 운영하고 있었다. 유럽은 지방의 작은 소도시까지 연정이 이뤄지는 모습에 유럽의 선진 협치가 무엇인지 제대로 경험할 수 있었다.

"여야가 연정을 하는 이유는 무엇인가"라는 나의 물음에 그들은 "우리 시가 어렵기 때문"이라고 대답했다. 교과서적인 대답이었지만 정답이었다. 어려운 시 행정을 위해서라면 기꺼이 연정을 실천하는 그들에게서 받은 충격과 감화는 내가 정치를 하는 이유를 또 하나 만들었다. 힘을 합쳐 더불어 살아가는 세상, 그리하여 더욱 행복한 삶을 누릴 수 있는 세상. 내가 정치를 통해 이루고 싶은 꿈이다.

○ 합의로 갈등의 100%를 해결한다

독일 연방제의 중심으로 헌법기관인 연방상원 분데스라트를 꼽을 수 있다. 정확하게 번역하면 주의 대표들이 모인 연방주평의회이다. 독일은 5개 헌법기관, 즉 의회(연방하원), 상원, 헌법재판소, 대통령, 총리가 상호 견제하고 협력하면서 합의하는 국가 시스템이다.

연방하원은 우리나라 국회와 같은 역할을 주로 하는 곳이다. 연방상원은 16개 주의 주지사를 비롯한 각 주의 대표들이 의원을 맡아 연방에서 각 주의 입장을 대변하며 법률을 심사한다. 각 주의 상원의원 수는 주의 인구에 따라 달라지는데 세 명에서부터 여섯 명까지 구성된다. 인구가 적은 브레멘이나 함부르크는 세 명, 베를린이나 슐레스비히-홀스타인은 네 명, 헤센은 다섯 명, 인구가 아주 많은 바이에른이나 니더작센의 경우는 여섯 명이다. 각 주마다 두 명씩 일괄적으로 의원을 직접 선출하는 미국의 상원과는 다른 방식이다.

상원의 작동 시스템은 각 주가 인구 크기에 따라 부여된 표를 행사함으로써 법률 등을 통과시켜 나가게 된다. 표를 행사할 때에는 맨

앞사람이 대표해 각 주에 부여된 전체 의사를 표시한다. 주 내부에 다른 표결이 나올 경우 해당 주의 표는 무효가 된다. 현재 독일의 주정부는 바이에른 주를 제외한 모든 주가 연립정부를 구성하고 있기 때문에 각 정당이 사전에 합의를 하지 못하면 상원에서 투표권을 행사할 수 없다. 독일은 연방국가로서 협치와 협력을 하지 않으면 작동하지 않는 시스템을 갖추고 있다.

상원의 사무총장은 "상원은 한 달에 한 번 모여 논의를 하고 이해관계의 충돌을 극복해 합의를 만들어가고 있다"고 설명한다. 내가 독일에서 만난 정치인들은 한결같이 "민주주의의 가장 근본적인 가치는 타협과 합의"라면서 "이후 이를 지켜가는 책임이 매우 중요하다"고 강조한다.

독일 헌법에는 연방과 주의 권한이 명확하게 명시돼 있다. 외교, 국방, 재무, 국토 등은 연방정부가 정책을 담당하고 교육, 문화, 경찰, 건축 등은 주의 권한으로 정책을 세우고 집행한다. 현재 독일에는 16개의 주와 1만 1,000개의 게마인데, 즉 기초자치정부가 있다. 독일에는 작게는 인구 800명에서 많게는 10만 명의 자치도시(한국의 면, 군, 작은 시에 해당)가 있다. 독일에는 다른 주나 도시에는 없는 지역정당 설립이 허용되어 바이에른 주의 기사당(바이에른 기독교사회연합, CSU) 등 많은 지역정당이 활동하고 있다. 이 역시 풀뿌리 민주주의의 다원주의를 실현하기 위함이다.

어느 사회든지 갈등은 있게 마련이다. 계층, 세대, 성, 지역 등 다차원적으로 갈등이 일어나게 된다. 독일인들은 복잡다단한 현대사회의 갈등을 해결할 수 있는 최고의 시스템은 사회 연방국가라고 확신한다. 연방제가 가진 수많은 조정과 합의 과정을 충분히 활용함으로써 높은 수준의 사회적 합의를 이끌어낼 수 있다는 것이다.

사회 구성원들이 가진 다양한 갈등은 구성원의 권력을 대변하는 해당 지역의 자치정부나 선출직 정치인들을 통해 표출된다. 이렇게 표출된 갈등은 기초자치지역(게마인데)-주-연방의 단계를 거치며 조율되는데 이 과정에서 기초와 기초, 주와 주 등 각 지역 간의 합의가 진행된다. 연방에서는 하원과 상원이 다시 합의 과정을 거친다. 독일은 연방에서의 합의 이후에도 유럽연합 의회를 통해 다시 한 번 각 연방과 주의 이해관계에 대한 갈등을 조정하는 과정을 거치기도 한다.

물론 다양한 이해관계와 갈등을 조정해가며 합의를 만들어가는 과정이 쉽지만은 않다. 그렇다면 독일 연방제에는 어떤 갈등 요소가 있으며, 독일 사회는 이를 어떻게 해결하고 있는가.

독일의 연방제에도 단점이 없는 것은 아니다. 토론을 통해 타협과 합의에 이르기까지 많은 에너지와 시간을 투입해야 한다. 상원의 사무총장은 "일반 국민들이 복잡한 과정에 대한 이해도가 떨어지고 타협해서 나온 안에 대해 선명도가 떨어지기 때문에 비판이 있다"고 지적한다. 일반 국민은 종종 '모 아니면 도'라는 식의 결정을 원한다는 것이다. 국민의 포퓰리즘에 기대게 되는 직접민주주의 위험성을 지적하기도 한다.

독일 연방과 주 사이에서 갈등이 생길 수도 있다. 특히 재정 문제에 있어 그러하다. 연방과 주가 재정분배를 두고 치열하게 경쟁을 하고 있기 때문이다. 일반적으로 독일 전체 예산에서 연방정부가 20%, 주정부가 40%, 기초자치정부가 40%의 예산을 차지한다. 지방정부가 쓸 수 있는 예산이 극히 적은 우리와 대조적이다. 한국과는 달리 독일은 연방과 주가 동등한 차원에서 재정 문제를 다룬다.

이러다보니 특정 분야, 특히 교육과 문화 분야에서 예산배분을 어떻게 할 것인가를 두고 연방정부와 주가 갈등을 빚곤 한다. 교육의 권한은 주가 갖고 있지만, 교육은 백년대계라 연방정부가 교육 핵심 정책을 마련한다. 때로 이 갈등이 심화되어 전쟁 수준에 이르기도 한다. 리빙 전권대사는 이를 "한 번에 끝나지 않는 영원한 전쟁"이라고 설명하기도 하고, 독일 의원들은 "돈에는 친구가 없다"고 조소 섞인 표현을 한다.

또한 국가 어젠다를 설정하는 것과 이를 실천하는 주체의 차이에서 오는 갈등도 있다. 그 예로 지난 2월 독일을 방문했을 때에는 주와 연방이 '맞벌이 부부를 위한 종일학교 운영'이라는 어젠다를 두고 다투고 있었다. 어젠다는 연방이 제기했고, 이를 실천해야 하는 곳은 지방정부와 학교이기 때문이다. 종일학교란 학교가 오전에는 정규 수업을 진행하고, 오후에 스포츠, 특기 등 특별 활동을 실시하는 제도를 말한다. 출생률을 높이기 위해 맞벌이 부부와 어린이 친화적인 환경을 만들고자 만든 제도이지만, 그 실행 방식을 놓고 연방과 주 사이에 견해 차이가 있었던 것이다.

그렇다면 독일은 이 같은 갈등이 생겨났을 때 어떤 방식으로 해결할까. 먼저 법치국가답게 헌법과 법률 제정을 통해서 해결하는 방법을 꼽을 수 있다.

"우리 주는 4년 회기 동안 약 200개의 법률을 통과시켜요. 하지만 연방과의 책임 소재를 두고 갈등을 빚기도 하는데, 이를 상원에서 해결합니다."

슐레스비히-홀스타인 주의 리빙 전권대사가 나에게 한 말이다. 연방과 주의 권한을 두고 입장이 달라 충돌이 생길 수 있음을 인정하고, 이 해결방안으로 상원 법률 심의과정에서의 충분한 토론과 합의를 들고 있다.[8]

독일의 오랜 연정과 합의 역사도 갈등 해결의 비결이다. 독일은

8___ 메르켈 총리는 연방정부와 주 사이의 조정을 보다 원활히 하고 연방국가로서 주에 대한 분권을 보다 강화하기 위해 2006년과 2008년 두 차례에 걸쳐 헌법을 개정하였다. 2006년의 개정은 연방에 대한 각 주의 입법권을 강화하고, 연방정부가 주에 위탁하는 사무의 경우에는 연방이 재원을 부담하도록 해 주의 재정권을 보다 강화하는 내용이다. 2008년의 개정은 유럽연합의 입법에 대해 연방과 주의 이익에 배치될 경우 연방과 주가 제소할 권리를 갖게 되며, 그 제소 요건을 낮추는 것을 핵심으로 하고 있다. 독일의 주와 연방의 권한을 각각 보다 강화시킴으로써 각자 어젠다와 테마를 갖고 책임 있게 정책을 추진할 수 있는 시스템을 구축한 것이다. 주 역시 고유한 주 헌법을 제정해 운영한다.

150년 역사의 사민당을 비롯해 의회에 진출한 7개의 정당이 다양한 방식으로 연정을 하며 연방정부와 주 정부를 구성하고 있다. 그때마다 사안에 따라 합의한다기보다 연정을 구성하는 과정에서 사전적으로 최대한 세밀하고 세세하게 합의하고 그를 바탕으로 문제를 풀어 간다.

　독일에서 연방 상하원을 포함해 사회적 갈등을 풀어가는 데 가장 중요한 프로세스가 조정위원회 활동이다. 의회(하원)에도 상임위원회로 연정조정위원회가 있고, 상원에도 상임위원회로 조정위원회가 운영된다. 독일 연방의 합의 프로세스는 구체적으로 세 단계를 거친다. 먼저 고위공무원 선에서 협의해 90%가 해결된다. 나머지 10% 선은 정무직 정치인이 나서 상하원의 협의를 통해 해결한다. 그러고도 해결 안 된 1%는 다시 토론과 타협을 통해 조정위원회에서 통과시킨다. 갈등의 100%가 해결되고 있는 것이다.

　나아가 독일 정치는 진실과 투명성을 금과옥조로 여긴다. 상하원 예산의 경우 연필 한 자루 사는 것까지 공시하도록 법률로 의무화하고 있다. 한국과 같이 쓰임새가 특정되지 않은 특별활동비란 존재하지 않는다. 독일 상원 사무총장은 "세금을 내는 국민 75% 개개인의 세금 22센트를 우리가 쓰고 있다"면서 "한 푼도 낭비하지 않는다"고 강조한다. 이렇게 정치가 솔선수범하기 때문에 국민들에게 존경받고 있고, 그래서 국민들이 자신의 이해관계와 다소 반하는 정책에 대해서도 정치인들이 타협해 결정한 바를 기꺼이 따르게 되는 것이다.

사회 갈등을 풀어가는 주체는 결국 정치다. 미국의 오바마 대통령은 자신의 저서 《담대한 희망》에서 "아무리 정치가 불신을 받아도 정치가 가장 효율적으로 문제를 해결할 수 있다"면서 정치를 하는 이유를 설명했다. 독일은 이 같은 정치의 중요성을 가장 잘 증명해 보이고 있는 국가였다.

◦ 통일·통합의 주춧돌

"독일 통일 과정에서도 연방제가 기여했어요. 서독은 지역의 정체성을 살릴 수 있는 연방제였기 때문에 동독의 각 주들이 하나씩 연방에 가입하는 형태로 통일이 이뤄졌습니다. 반면 동독은 중앙집권 시스템 때문에 붕괴했지요."

과거 구동독 지역인 작센안할트 주의 전권대사 미하엘 슈나이더가 베를린에서 나에게 한 말이다.

전후 서독은 통일에 대비해 헌법을 만드는 대신 기본법을 제정했다. 기본법 제23조에 "(서독을 제외한) 독일의 다른 지역은 그들의 연방 편입 후에 효력이 발생한다"고 명시하고, 기본법 146조에 의해 통일 후 새로운 헌법을 만들게 되면 기본법이 효력을 상실하도록 규정했다. 통일 당시 헬무트 콜 총리는 자신의 단계적 통일구상 대신 통일을 즉각 원하는 동독 인민들의 요구를 따랐다. 새로운 통일 헌법을 제정하는 대신에 서독의 기본법 제23조에 따라 구동독의 5개 주가 서독 연방에 편입하는 형식을 취한 것이다.

구동독의 새로운 주정부는 통일 초기에 여러 어려움을 겪었다. 우선 사회주의 계획경제 시스템에서 자본주의 시장경제 시스템으로의 전환이 그러했다. 은행 거래와 공과금 처리 등 사회주의 국가에서 경험하지 못했던 일을 처리해야 했다. 나아가 민주적 선거를 통해 주정부가 구성되면서 민주적 정부 및 의회 운영을 해야 했고, 유럽연합 시스템에 적응해야 했다. 이런 어려움을 덜기 위해 서독 출신 정치인들이 구동독 주의 주지사를 맡기도 했다.

통일된 지 28년이 지난 지금 통일 독일은 성공한 나라라는 평가를 받고 있다. 특히 새로 편입된 구동독의 5개 주는 지역 특성과 전략을 통해 발전해가고 있다. 서독을 비롯한 세계 각국의 기업을 유치하고, 하이테크 산업에도 선도적으로 투자하고 있다. 슈나이더 전권대사는 "우리는 연방제를 통해 과도기 없이 독일 연방국가에 비교적 성공적으로 통합될 수 있었다"고 말한다. 로타르 드 메지에르 전 동독 총리나 독일 지인들도 "통일 후 지금 라이프치히, 드레스덴 같은 도시들은 이미 경쟁력을 확보했다"고 평가한다. 특히 동유럽 국가들과 비교할 때 구동독은 눈부신 발전을 거듭하고 있다는 평가다.

하지만 아직 해결해야 할 과제도 많이 남아 있다. 슈나이더 전권대사는 '동독의 경제적 취약성, 연금 문제, 지역 연구 및 개발 투자' 등을 꼽는다. 독일의 극우 세력이 구동독 지역에서 강세를 보이고 있는 것 역시 경제적 취약 때문이라는 분석이다. 슈나이더 전권대사는 또 하나의 문제점으로 "젊은 층들이 서독 지역으로 옮겨가는 인구 유출을 들 수 있다"고 한다. 따라서 국가적 차원에서 구동독 지역에 국가 R&D 사업을 적극 지원할 것을 주문하고 있다. 오히려 구동독 정치인들은 동서독 격차를 크게 문제 삼지 않고 있다. 구서독 지역 내에서도 각 주 간에 격차가 있기 때문이다.

구동독 공산정권의 악의 유산이 생각보다 오래 영향을 미치고 있고, 이를 해결하기 위해서는 더욱 시간이 필요하다고 많은 사람이 입을 모은다. "동독에 공산주의 체제가 존재했던 시간보다 공산주의 시스템 문제를 해결하는 시간이 훨씬 더 오래 걸린다"는 것이다.

그럼에도 불구하고 독일이 연방제를 통해 가장 효율적이고 경제적인 통일을 달성한 것은 사실이다. 통일 이후에도 각 지역의 정체성과 문화를 최대한 존중하고 발전하는 형태로 진화하고 있다. 이것이 바로 독일 연방제의 힘이다.

○ 국가발전의 엔진이자 혁신 클러스터

올해 2월 일주일 동안 바이에른을 포함해 네 개 주를 방문하고, 주 대표들을 만났다. 내가 방문한 네 개 주는 각각 중점 사업이 있었다.

서독 남부 바이에른 주는 전기 및 자율주행차, 구동독의 작센안할트 주는 하이테크 연구 및 개발, 북쪽인 슐레스비히-홀스타인 주는 친환경에너지, 서쪽인 라인란트팔츠 주는 디지털에 중심을 두고 있었다.

독일의 각 주는 연방정부와 협력 속에서 자기 주의 정체성과 고유한 특성에 기반을 둔 발전전략을 수립하고 있다. 독일 연방정부는 2011년부터 '인더스트리 4.0'이라는 슬로건을 내걸고 제조업의 고도화를 추진해왔다. 4차 산업혁명이라는 개념의 진원지이기도 하다. 독일은 자국 경쟁력의 원천인 제조업 발전을 위해 두 개의 전략을 마련했다. 인더스트리 4.0과 융복합 혁신 클러스터가 그것이다. 융복합 혁신 클러스터는 단순한 집약 산업이 아니라 다양한 분야가 함께 협력해 연구개발을 하는 산업이다.

2018년 4기 앙겔라 메르켈 정부가 출범할 당시 기민기사연합과 사민당과의 대연정 협정문에서 밝힌 산업 키워드는 디지털 대전환이었다. 독일 고유의 강한 제조업을 기반하여 디지털 혁명 선도국가를 만들겠다는 목표를 제시했다. 라인란트팔츠 주의 모니카 푸어 전권대사 대리는 나에게 "우리는 디지털 대전환에 발맞춰 인프라 구축, 중소기업 육성, 헬스케어 적용, 그리고 교육의 혁신에 중점을 두고 있다"고 설명했다. 나아가 푸어 대사 대리는 "지역발전을 위해서는 대학 및 연구소와의 연구개발이 중요하다"면서 "이것이 잘 작동하도록 디지털 플랫폼을 만들었다"고 밝혔다. 그 외에도 수도 베를린은 광학을 포함해서 7개 분야를, 루르 지방으로 유명한 노르트라인베스트팔렌 주는 자동차, 에너지 등 16개 분야를 융복합 혁신 클러스터 영역으로 정해서 기업, 연구소, 대학이 함께 연구개발하고 있다.

이렇듯 독일에서는 연방정부가 방향을 제시하면 각 주가 자기 주에 맞게 발전전략을 수립하고 선도하는 형태를 보이고 있다. 연방과 주, 주와 주 간 협력과 경쟁을 통해서 산업의 선도 모델을 만들어가고 있다. 정부보다 기업이 일자리를 더 많이 만들어내듯, 연방정부보다 지방정부가 더 많은 일자리를 창출하고 있었다. 주가 앞장서서 더불어 살아가는 사회를 실천하고 있는 것이다.

또 하나 흥미로운 특징은 한국으로 치면 국회의원 3선을 지낸 정치경력의 중진 정치인들이 주 정부에서 전권대사로 지역을 위해 일하고 있다는 점이었다. 연방정부·의회와 주·상원 간 연대와 협력관계가 매우 중요하기 때문에 이들은 보람을 갖고 일한다. 유럽 지역위원회 부회장, 유럽 기민당 그룹 회장을 지낸 작센안할트 주의 미하엘 슈나이더 전권대사는 "다양한 경험을 바탕으로 지역을 위해 일하는 것이 행복하다"고 말한다.

독일의 정치 리더들, 즉 역대 총리들은 대다수 주 정부의 주지사 출신이다. 빌리 브란트는 베를린 시장을, 헬무트 콜은 라인란트팔츠 주지사를 지냈다. 또한 게르하르트 슈뢰더는 니더작센 주지사, 쿠르트 게오르크 키징거 총리는 바덴뷔르템베르크 주지사를 지냈다. 중앙 정치의 대표적 지도자들 대부분이 지방에서 차근차근 경력을 쌓은 행정가 출신이다.

독일의 주는 한국 같은 중앙집권제와 달리 각각의 주가 유럽과 전 세계로 향하고 있다. 중소기업들 중 세계에서 앞서가는 히든 챔피언 기업이 독일에 많은 이유다. 세계 히든 챔피언 기업들 절반이 독일 기업이다. 따라서 지역에 좋은 일자리가 많다.

통일된 독일은 또 하나 앞서가고 있는 문화를 정착시키고 있었다. 내가 만난 많은 청년들은 스스로를 독일인이 아닌 유럽인이라고 칭했다. 실제 각 주의 많은 정책이 연방정부보다 유럽연합 차원에서 합의하고 해결해야 하는 것들이기 때문이다. 따라서 독일 모든 주들은 유럽연합의 본부가 있는 브뤼셀에 적게는 5~6명에서 많게는 20명 이상 상주 직원을 두고 있다. 이들은 유럽의 각 국가들이 어떤 정책을 추진하고 있고 어떤 이슈를 관심 있게 보는지 파악한다. 나아가 유럽국가의 각 주 간 네트워킹을 통해 상호 '윈-윈'하는 정책을 펴기도 한다. 결과적으로 브뤼셀에 대한 관심과 파악을 통해 유럽이라는 경제공동체에 관심을 갖게 되는 것이다.

이렇게 독일인들은 민족적 차원을 넘어서 유럽인으로 동화되고 있다. 독일 정치인이나 기업인들 역시 이런 환경에서 '글로벌 경쟁력'을 늘 입에 달고 다닌다. 글로벌 차원에서 생각하고 정책을 펼 수밖에 없는 것이다. 그 중심에 주가 있고 이들을 협력으로 이끄는 연방국가가 있다. 오늘날 독일을 강하고 행복하게 만든 힘의 원천이 이것이다.

한국형 연방제와
자치 · 분권 모델

○ **자치 · 분권 완성을 위한 투쟁의 역사**

대한민국에서 역대 대통령 중 세 명이 민주주의 발전을 위해 단식 투쟁을 했다. 먼저 김영삼 대통령은 5공 청산과 대통령 직선제 쟁취를 위해 23일간 목숨을 건 단식 투쟁을 단행했다. 이어 김대중 대통령은 1990년 내각제 철회와 지방자치 선거 시행을 위해 13일간 단식 투쟁을 했다. 당시 민주자유당의 김영삼 대표가 김대중 평화민주당 총재가 입원 중이던 세브란스병원으로 찾아가 지방자치선거에 합의하기도 했다. 또 한 명은 문재인 대통령이다. 그는 세월호 특별법 제정을 위해 10일간 서울 광화문광장 세월호 유족 천막에서 단식을 벌였다.

김대중 대통령의 단식 투쟁으로 이듬해인 1991년 3월에 기초의원 선거, 6월에 광역의원 선거가 치러졌다. 이어 지방정부의 장을 뽑는 선거는 1995년에 처음 실시되었다. 당시 김대중 대통령은 서울시장 후보 조순을 내세워 당선시키고 본인 역시 대통령에 당선되었다. 이후 이명박 전 대통령을 비롯해서 대권을 꿈꾸는 정치인들은 지방정부 수장 경험을 통해서 정치 역량과 꿈을 키워오고 있다.

대한민국 지방자치를 이야기할 때 빼놓을 수 없는 전직 대통령이 있다. 바로 누구보다 지방자치에 대한 의지가 강했던 노무현 대통령이다. 그는 나에게 "지방자치야말로 진정한 민주주의 실현"이라고 강조하기도 했다. 노 전 대통령은 총선에 낙선하고 1993년 '지방자치실무연구소'를 설립했다. 그 시절 함께했던 사람들이 김병준 전 청와대 정책실장을 비롯해 안희정, 이광재 전 지사들이다. 노 전 대통령은 앞장서서 지방자치와 관련한 책과 잡지를 만들고, 수많은 지방자치단체장과 의회 선거 출마 희망자들을 조직하고 교육했다. 그는 실천의 용기를 가졌다. 1995년에는 그 자신 민주당 불모지인 부산시장 선거에 직접 뛰어들었으나 성공하지 못했다.

결국 대통령 선거에 도전, 당선된 노무현 대통령은 2005년 8월 청와대에서 열린 지방언론사 편집국장 간담회 자리에서도 "굉장히 수준 높은 자치도, 일종의 연방주에 가까운 자치도를 만드는 것이 본인의 구상"이라고 밝혔다. 하지만 그는 연방제 수준의 자치분권이란 과제를 미완의 유산으로 남겼다. 노무현 전 대통령이 비극적으로 생을 마치자 그와 함께 지방자치, 지방분권의 시대를 꿈꿨던 정치인들이 2010년 지방선거에 대거 출마했다.

나 역시 1995년 첫 동시지방선거에서 만 36세의 나이로 보수정당 텃밭인 시골 남해라는 악조건에도 불구하고 전국 최연소 자치단체장 기록을 세우며 남해군수에 당선되었다. 자치분권 전도사 김두관의 시작이었다. 2010년에는 경남도지사에 도전해 야권 단일 후보로 당선되는 쾌거를 이루기도 했다. 그런 나에게 역대 대통령 중 가장 큰 영향을 준 사람이 노무현 대통령이다. 그와 나는 자치분권이라는 가치에 대해 가장 '케미(조합)'가 맞았다고 할 수 있다.

대한민국 출범 당시 제헌국회는 1949년 7월 4일 지방자치법을 제정하였다. 하지만 이승만 정권은 "치안을 확보하고 민심을 안심시키는 것이 급선무"라는 이유를 들어 이 법의 시행을 보류하였다. 실제 이유는 지방의회를 구성할 경우 권력이 분산될 터이니 중앙정부가 단체장을 임명해 지방을 통제하려는 것이었다. 이후 제2대 국회가 이승만 정권에 대한 견제를 강화하자 정부는 국회에 대항하는 정치 세력을 만들기 위해 1952년 지방의회선거를 실시하였고, 정권의 지원을 받는 인사들이 대거 선출되었다.

1956년에는 지방자치법을 개정해 지방의회가 선출하는 시·읍·면장에 대한 간선제를 직선제로 개정했다. 그러나 자치단체장선거가 야당 인사의 당선으로 이승만 대통령에게 불리해지자 다시 1958년 지방자치법을 재개정하여 시·읍·면장을 임명제로 환원시켰다. 이승만 대통령은 풀뿌리 민주주의를 키우는 것이 아니라 장기집권을 위해 자의적으로 지방자치제를 악용해 비극의 길로 들어섰다.

4·19 혁명 후 집권한 장면 정권은 1960년 지방자치법을 개정해 시·도·읍·면에 대한 지방자치를 전면적으로 실시하기로 하고, 그해 12월 지방의회와 자치단체장 선거를 실시했다. 그러나 장면 정부의 지방자치는 채 시작도 하기 전에 5·16 군사쿠데타에 의해 폐기되고 말았다. 박정희 군부는 먼저 지방의회를 해산했고 비상조치법으로 시·도지사, 시장·군수를 임명했다. 한국의 지방자치제는 전두환 정권까지 독재 하에 기나긴 단절의 시기를 겪었다.

그러나 군부독재가 대한민국의 민주화 의지를 영원히 꺾지는 못했다. 민주화 세력은 대통령 직선제와 더불어 풀뿌리 민주주의인 지방자치제를 부활시켰다. 그 중심에 김대중, 노무현 전 대통령의 투쟁과 리더십이 있었다.

하지만 선진 국가에 비해 우리의 지방자치제는 아직 반쪽이다. 헌법에서 실질적인 지방자치를 보장하고 있지 못할 뿐만 아니라 예산, 인사, 조직, 법률 등이 중앙권력에 예속되어 있기 때문이다. 미완의 한국 지방자치제를 완성하는 일은 우리 정치인의 몫으로 남아 있다.

○ "쥐꼬리만 한 나라에서 왜?"

"쥐꼬리만 한 나라에서 자치분권이 왜 필요하죠?"

혹자는 이렇게 묻는다. 하지만 한국은 결코 작은 나라가 아니다. 인구로 볼 때 대한민국은 세계 27위이고, 통일 한국은 20위 수준이다. 경제 규모로 보면 세계 12위의 대국이다. 게다가 자치분권은 국가의 규모 문제가 아니라 민주주의의 문제. 민주주의가 가장 발달한 나라로 꼽히는 스위스는 인구 800만 명, 면적으로는 한국의 절반도 안 되는 나라다. 스위스는 26개의 '칸톤(주)'이 연방을 구성하고 있는 연방제 국가다.

대한민국은 2차 세계대전 이후 식민지배에서 독립한 나라로 최단 시간에 산업화·민주화·정보화를 이룩한 위대한 국가다. 산업화를 위해 한때 민주주의가 탄압을 받았고, 아직도 '더 많은 민주주의'가 필요한 나라다. 선거민주주의는 달성했지만 생활, 지역, 참여, 경제 등에서 진정한 민주주의가 도입돼야 한다.

특히 지금은 4차 산업혁명의 시대다. 다원적이고 다양한 가치의 융복합을 통해 새로운 미래를 건설해야 한다. 다원성과 다양성은 자율성에서 나온다. 한 지역이 다른 지역과 특화되어 발전하려면 그 지역이 가진 자원을 적재적소에 배치하고 그 역량을 최대한 끌어내야 한다. 지역사회의 구성원이 역량을 발휘하기 위해서는 자율성이 보장되어야 한다. 획일적인 중앙집권체제의 가장 큰 문제점은 이러한 자율성을 제한한다는 것이다. 중앙정부 주도하에 이루어지는 지역발전은 그 지역의 특성과 자원을 고려하기보다 타 지역에서도 인기를 끌거나 유행하는 것 위주로 지원되기 쉽다. 중앙정부가 획일적으로 지방정부를 경쟁시켜 레드오션을 만드는 것이다.

남해군수 시절 나는 남해가 가진 천혜의 자연환경을 최대한 활용해 사계절 푸른 잔디를 개발하고 스포츠 마케팅을 통해 관광산업을 하겠다는 지역발전전략을 세웠다. 우리나라에 보급된 기존 잔디는 겨울에 죽고, 봄에 다시 살아난다. 하지만 독일 잔디는 사계절 푸르게 자란다. 그래서 독일 잔디 씨를 들여와 당시 남해에서 황무지로 버려진 땅인 매립지에 독일 잔디를 심어 천연 잔디구장 다섯 개를 조성해 스포츠 파크를 만들었다. 잔디 시공비용은 기존 잔디의 1/4이었다. 이를 바탕으로 2002년 한·일월드컵 때 군 단위로 유일하게 덴마크 팀 전지훈련캠프를 유치했고, 축구 등 각종 스포츠 전지훈련의 메카로 부상하게 되었다.

스포츠 파크는 총 385억 원을 유치해 천연 잔디구장 외에도 야구장 세 개, 풋살경기장, 테니스장, 수영장, 호텔 등까지 갖췄다. 지방정부에서는 스포츠 마케팅이라는 개념조차 생소하게 여겼던 때에 만든 획기적인 성공이었기에 남해군은 스포츠 마케팅의 효시이자 지역경제 활성화 모델이 되었다.

그러나 많은 사람들이 스포츠 파크를 만드는 대신 공장 유치를 통해 일자리를 만들어야 한다고 주장했고, 2002년 월드컵 캠프 유치를 위해 중앙부처 등을 방문했을 때에도 "뭘 그리 서두르냐"는 반응이 돌아왔다. 그때 그와 같은 일반적 견해를 따르거나 중앙부처에 동조했다면 오늘날 남해의 스포츠와 관광산업의 번영은 없었을 것이다.

중앙정부는 각 시도, 시군구가 가진 자원이 무엇인지 얼마나 알고 있을까. 국내 최고 발행부수를 자랑한다는 〈조선일보〉에 시군구 지역의 기사가 1년에 열 번 나기도 어려운 것이 현실이다. 그나마도 대부분 관광 홍보성 기사다. 중앙정부는 지방정부를 통계와 숫자로만 파악하고 이를 바탕으로 계획을 세운다. 이런 지역 활성화 방식은 오히려 지역발전에 독이 된다.

우리는 지방소멸의 시대를 맞고 있다. 한국고용정보원이나 한국은행 등의 자료에 따르면, 저출산, 고령화 등으로 인해 전국 226개 기초자치지역 중 85개에 달하는 지역이 30년 후면 소멸될 것이라고 한다. 중앙집권적 서울공화국 시스템은 이러한 지방소멸을 가속화시킨다. 지방정부와 지역주민이 소멸 위기를 스스로 벗어나고자 해도 권한이 없다.

내가 지난 2003년 참여정부 초대 행자부 장관으로 통제와 간섭 대신 각 지방정부를 지원하는 '자치행정지원부'가 되겠다고 선언한 것도 이러한 문제의식에서였다. 또한 참여정부의 최대 핵심 사업이었던 지방분권과 국가균형발전의 주무부처로서 '지방분권특별법', '국가균형발전특별법', '신행정수도특별법' 등 3대 특별법을 준비하면서 지방분권 3대 원칙을 선언했다.

3대 원칙은 '주민에 가까운 사무는 지방정부가 맡고 중앙정부는 이를 지원하는 보충적 존재가 되어야 한다'는 보충성의 원칙을 비롯해 '사무를 지방정부에 이관할 때 재원과 권한을 일괄 이양해야 한다'는 포괄성의 원칙, '주민과 지역의 자율과 참여, 책임을 규정하는 원칙'으로 지방정부의 자율성을 확대하기 위한 조처였다.

최영출 충북대 교수는 2016년 '지방분권과 국가경쟁력 및 국민행복도와의 인과관계 분석'이라는 시뮬레이션 연구를 통해 "지방분권이 우리나라의 국가경쟁력과 국민소득을 높이고 국민행복지수를 상승시킨다"는 것을 증명했다. 지방분권 수준이 높아지면 각 지역이 서로 경쟁하기 때문에 끊임없이 혁신할 수밖에 없고 지역주민의 참여도 높아져 국가경쟁력과 지역주민의 행복도가 높아진다는 것이다.

인도의 위대한 성자 마하트마 간디는 《마을이 세계를 구한다》는 저서를 통해 "인도를 살리기 위해서는 70만 개의 마을공화국이 필요하다"고 말했다. 각 마을 단위가 공화국을 이룰 정도로 지역주민의 목소리가 잘 반영되는 민주주의 실현이 결국 한 국가, 나아가서 세계를 발전시키고 평화를 보장할 수 있다는 것이다.

자치분권 수준이 높아지면 지역사회의 역량과 주민의 참여가 높아지고 이는 주민주권의 향상과 갈등의 감소를 가져온다. 나는 남해군수 시절 '민원공개법정'을 통해 실제로 경험했다. 개인과 개인, 마을과 마을, 단체와 단체 사이에는 항상 갈등이 존재한다. 이해관계가 첨예하게 대립하는 사안은 지방정부 차원에서 조정이 쉽지 않다. 나는 이를 민원공개법정을 통해 해결했다.

사업을 추진할 때도 군수가 심판 역할을 하고 전문가와 주민 대표가 배심원을 맡아 해당 사업을 원하는 측 의견을 충분히 들은 후, 배심원 판결을 통해 사업을 진행했다. 이것은 일종의 합의 과정, 숙의 민주주의 과정이다. 이 과정을 통해 각 마을의 특성도 살릴 수 있게 되고 마을버스 노선 문제, 어업권 분배 문제 등 이해관계가 부딪히는 문제들을 원만히 해결할 수 있었으며, 그 결과 주민 갈등도 줄었다.

자치분권의 수준이 높아지면 주민 참여를 보장하는 장치 역시 개선되어야 한다. 주민의 감시가 엄중해질수록 행정의 수준이 높아질 뿐 아니라 지역도 더 발전한다고 믿는다. 때문에 주민발안, 주민소환, 주민투표 등 주민의 참여를 높이는 제도 도입을 끊임없이 주장해왔다.

주민투표법은 행자부 장관 시절 마련했다. 당시 노무현 대통령은 "시기가 이른 것 아니냐"고 걱정했고, 고건 총리는 이와 관련한 기자회견을 한 것에 대해 강하게 질책했다. 하지만 나는 강한 의지로 노무현 대통령과 고건 총리를 설득해 제도 도입을 추진했고, 그 결과 주민투표를 통해 문제를 해결하고 주민들의 의사를 반영할 수 있는 길이 열렸다. 이후 주민투표는 제주특별자치도의 출범, 청주시·청원군 통합, 오세훈 시장의 낙마를 가져온 무상급식 투표 등에 활용되었다.

하지만 현행 주민투표와 주민소환제도는 스위스 등 주민의 참여가 아주 높은 수준으로 이뤄지고 있는 국가에 비하면 그 적용범위나 대상이 까다롭고 요건이 지나치게 높다. 이러한 요건을 완화하고 현재 조례 제정 청구 등을 통해서만 가능한 주민의 입법참여 역시 직접적인 발안제도 도입을 통해 주민의 참여가 보다 활성화되도록 해야 한다.

○ 문재인 대통령의 자치·분권 공약과 헌법 개정

"대한민국은 지방분권국가를 지향한다."

문재인 대통령이 노무현 전 대통령의 정치적 동지이자 후임자답게 헌법 개정안 제1조 3항에 명시한 내용이다. 미래 대한민국 국정 운영의 기본방향이 자치분권에 있다는 점을 명확하게 천명했다. 문 대통령은 또 지방자치단체라는 용어 대신 선진국같이 명실상부한 '지방정부'로 변경할 것을 주문하기도 했다. 문재인 대통령이 후보 시절 언급한 "연방제 수준의 자치분권을 통한 균형발전을 위해 개헌이 필요하다"는 공약을 지키려고 노력하고 있는 것이다.

대선 때 그는 '내 삶을 바꾸는 자치분권'이라는 비전 아래 '연방제에 버금가는 강력한 지방분권'을 목표로 내세웠다. 핵심전략으로는 중앙권한의 획기적 지방 이양, 강력한 재정분권 추진, 지방정부의 자치역량 제고, 풀뿌리 주민자치 강화, 네트워크형 지방행정체제 구축 등이 제시되었다.

자치분권이 필요한 것은 그것이야말로 민주주의의 기본이기 때문이다. 또한 권위주의 국가의 유산인 강력한 중앙권력을 어떻게 시민과 지방에 나눠주느냐가 민주주의의 핵심이다.

그렇다면 대한민국에서는 독일 같은 연방제 수준의 자치분권을 어떻게 실현할 것인가.

독일은 우리나라와 비슷한 환경을 갖고 있다. 두 나라 모두 전쟁과 분단의 역사를 겪었고 천연자원이 부족해 인적 자원이 가장 중요한 발전 동력이다. 또 제조업을 골간으로 한 수출 중심의 경제 구조에 단일민족국가라는 점도 비슷하다. 통일된 대한민국을 고려하면 한·독의 인구는 각각 8,000만 명으로 거의 같고, 국토 면적에서 육지는 독일이 크지만 우리는 3면이 바다로 대륙붕이 있어 실제 면적은 크게 차이나지 않는다.

일견 정치제도와 자치분권의 면에서는 우리와 독일이 많이 다른 것처럼 보인다. 일각에서는 "독일은 지방분권 중심의 역사적 배경이 있지만 우리는 중앙집권의 왕조와 권위주의를 거쳤다"고 말한다. 하지만 우리 역시 삼국시대까지 각 지역이 독립 국가였고, 단일 국가로 통일된 이후에도 지역의 고유한 정체성이 이어져오고 있다. 이는 각 지역에 보존된 문화와 사투리 등에서도 잘 나타난다. 고려시대에는 사심관 제도를 통해 일정 부분 지방의 독립성을 보장해주었고, 조선

시대에는 지방을 대표하는 유향소와 향청이라는 기관을 두고 향약제도를 통해 지역사회를 교화하는 자치운동을 해왔다. 즉 우리도 지방분권과 지방자치의 역사를 갖고 있다는 뜻이다.

대한민국은 자치정부의 실험을 제주특별자치도에서 시작했다. 제주특별자치도의 궁극적인 목표는 연방제 주정부로의 전환이다. 노무현 대통령 시절인 2005년에 발표한 제주특별자치도 기본계획에는 "제주특별자치도는 일반 도와 달리 고도의 자치권이 부여된 특별자치지역으로, 새로운 자치모델을 정립하고 규제자유지역화를 통해 국제자유도시의 성공적 추진을 목적으로 하면서 외교, 국방 등을 제외한 전 분야에 대한 고도의 자치권이 부여된 지역"으로 정리하고 있다. 하지만 중앙정부의 막강한 권한 때문에 제주도 역시 연방제 수준의 자치분권을 할 수는 없는 형편이다.

따라서 헌법 개정을 통해 연방제 수준의 자치권을 보장해야 한다. 지방정부의 입법권, 조직권 및 행정권, 재정권, 복지권 등의 자치권을 헌법에서 보장하고 사무와 재정이 함께 이양되어야 한다. 그래야 지방정부와 지역주민이 미래를 스스로 결정할 수 있는 자기결정권을 가진 완전한 자치분권이 된다.

독일은 연방 혹은 유럽의회 차원에서 결정된 일이라도 지역이 원하지 않으면 받아들이지 않는 경우가 있다. 그만큼 자치권이 보장되는 것이다. 하지만 한국의 지방정부는 중앙정부의 사업을 거부할 수 없다. 설사 사업권을 반환하더라도 중앙정부는 이후 예산 등에 대한 불이익을 통해 지방정부가 중앙에서 추진하는 사업을 거부할 수 없게끔 만든다.

내가 경남도지사 시절 역대 국책사업 중 최악으로 꼽히는 4대강 사업을 거부했던 사례는 이를 단적으로 보여준다. 중앙부처인 국토해양부는 사업권 회수로 4대강 사업을 우회적으로 추진하려 했고, 나는 소송도 불사하며 잘못된 4대강 사업을 막고자 했다. 뒤늦게 밝혀졌지만 이명박 정부는 4대강 사업을 반대했던 나에게 불법 사찰을 감행했다. 4대강 사업 소송은 결국 법적으로 중앙정부가 유리하게 되어 있는 구조상 패소하고 말았다.

6월 지방선거와 함께하는 개헌 찬반투표는 지난 대선에서 모든 정당 후보가 약속했던 사안임에도 불구하고 국회에서 논의조차 되지 않아 결국 대통령이 직접 개헌안을 발의했다. 비록 낮은 수준이라 할지라도 대통령 스스로 권력을 내려놓는 결단을 내렸고 지방분권의 내용이 개헌안에 담겼다. 이 과정에서 나는 지방분권운동을 하는 시민사회와 지방분권에 찬성하는 여야 국회의원들을 모아 지방분권개헌 국회추진단을 꾸리고 6월 지방선거 개헌을 강력하게 촉구하는 활동을 펼쳤다.

이런 노력에도 불구하고 결국 여야 정쟁과 중앙에서의 권력구조 개헌에 밀려 지방분권개헌은 뒷전으로 밀려나고 말았지만, 지방분권 개헌 없이 대한민국의 미래는 없을 것이기에 나는 끝까지 헌법 개정이 이뤄질 수 있도록 노력할 것이다.

○ 주민과 지방정부가 의사결정에 참여할 수 있게

"시·도지사 등 지방정부의 수장들이 참여하는 제2국무회의를 정례화하겠다."

문재인 대통령이 대선 후보 시절 밝힌 내용이다. 문 대통령은 지방분권과 균형발전을 위한 다양한 방안을 제시했고, 개헌을 통해 자치분권을 실현하겠다는 국민협약도 맺었다. 공동선대위원장이자 자치분권균형발전위원장을 맡았던 나는 위원회에서 마련한 방안을 공약화하고 국민협약을 맺는 과정에서 주도적 역할을 했다. 이후 제2국무회의는 '국가자치분권회의'라는 이름으로 대통령 개헌안에 포함되었다.

현재 우리나라는 지방자치법에 따라 지방정부들의 전국적인 협의체를 구성할 수 있다. 이에 따라 대한민국시도지사협의회, 전국시장군수구청장협의회, 전국시도의회의장협의회, 전국시군자치구의회의장협의회 등 지방 4대 협의체를 만들었다. 그러나 이들은 협의체일 뿐이다. 독일의 상원인 분데스라트 같은 헌법 기관이 아니라는 것이다. 이들 협의체는 지방에 영향을 미치는 사안에 대해 의견을 제출할 수 있을 뿐 국가 의사결정구조에 직접 참여하지 못한다.

남해군수, 경남도지사, 노무현 정부의 행정자치부 장관을 지낸 나의 경험을 되돌아볼 때, 이런 협의체로부터는 실질적 협의나 중앙정부에 대한 적극적 건의가 거의 나오지 않았을 뿐 아니라 상설체가 아니기 때문에 효율적으로 일을 할 수도 없었다. 다만 서울특별시장만이 국무회의에서 관찰자 자격으로 참여하고 있을 뿐이다. 이것마저도 정파가 다르면 겉돌기 십상이다. 박원순 서울시장과 박근혜 정부의 국무회의가 대표적인 사례다.

지역에서 일어나는, 혹은 지역에 영향을 미치는 주요한 사안에 대해 주민과 지방정부가 직접 국가 의사결정구조에 참여할 수 있어야 한다. 그 의사결정구조는 중앙과 지역이 수평적 관계로 대화와 타협을 통해 합의된 정책을 도출하고, 지방정부 간 균형을 만들어내는 진정한 평의회가 바람직하다. 따라서 문재인 대통령이 제기한 제2국무회의, 즉 국가자치분권회의는 이 같은 평의회의 기능을 하는 좋은 대안이 될 수 있다.

그럼 이 같은 평의회를 어떻게 구성할 수 있을까.

많은 이들이 현존하는 대한민국시도지사협의회를 국무회의의 틀로 옮겨 오는 방식을 염두에 두고 있다. 하지만 나는 개인적으로 좀 더 진전된 안이 필요하다고 생각한다. 독일 모델을 참조해 한국형 상원 모델을 구성해 보자면 각 시·도 권역별로 두 세 명 정도 상원의원을 두고 제주특별자치도와 세종특별자치시에 각 한 명을 두는 방식이 가능하다. 700만 명을 기준으로 그 이상의 인구인 서울, 경기에는 세 명, 그 이하인 나머지는 두 명, 제주와 세종은 한 명씩을 선출한다. 총 34명이다.

이들을 미국식으로 하원과 별개로 국민이 직접 선출할 것인지, 독일식으로 주의 내각이 상원의원을 겸직하게 하는 것이 바람직한지는 이후 공론화 과정을 거쳐 판단한다.[9] 나는 개인적으로 독일 같은 간접 선출이 바람직하다고 생각한다. 직접 선출을 할 경우 의원을 추가적으로 늘린다는 국민적 비판에 직면할 가능성이 높다. 다만 전체 상하원 세비 총량제를 통해 전체 예산은 그대로 유지하면서 국민과 지역을 대표할 의원을 늘린다면 국민적 지지를 얻을 수 있을 것으로 본다. 국민은 같은 세금으로 더 많은 국회의원을 부리게 되는 것이다.

독일은 15개 주가 연정을 통해 다양한 의견을 반영한다. 하지만 한국은 정파 간 갈등이 심해서 이러한 연정 구조가 힘들기 때문에 상원의 경우 한 명은 시·도지사, 한 명은 제1야당(해당 시·도지사가 소속된 정당이 아닌 정당 중 가장 의석수가 많은 정당)이 임명하는 인사로 타협을 통해 사회갈등을 줄여가는 시스템 도입도 생각해보아야 한다.

또한 독일의 상원인 분데스라트같이 한국 자치평의회가 독립 건물

9___ 독일은 각 주의 주민이 직접 선출한 주지사가 당연직으로 상원의원을 맡고, 다른 정당과의 연정협정 등에 따라 구성된 주정부 각료 중에서 상원을 선출한다. 이 때문에 상원의원에 별도로 지급되는 세비가 없다.

과 행정 체제를 갖고 상시적으로 활동할 수 있도록 법제화할 필요가 있다. 헌법기관으로서 위상을 갖추는 것이다. 궁극적으로는 한국형 상원제가 도입되어야 하지만, 현실적으로 헌법 개정은 쉽지 않다. 이때 개별 광역지방정부 단위보다 경제문화권역을 키워 상원대표의 인력을 줄여서 실질적인 협상력을 높여가는 방식도 중간 단계로 검토해 볼 수 있다.

경남도지사 시절 나는 유명무실한 시도지사협의회 대신 중앙정부와의 교섭력을 높이고 거대 경제권을 통해 블랙홀인 서울 중심 경제에 대응하기 위한 방안을 독자적으로 구상해 실천에 옮겼다. 당초 하나의 지역이었던 경남과 부산, 울산을 묶어 특별자치도를 구성하는 구상을 발표한 것이다. 하나의 문화, 경제권역인 세 지역의 결합을 통해 경제와 자치에 있어서 지역 역량을 극대화해 세계적인 경제권으로 발전하기 위한 구상이었다.

그 전 단계로 동남권 광역경제발전위원회 등을 통해 경제 협력을 강화해서 경제 블록화하고 '동남권 100년 포럼'을 결성하는 한편, 동남권 광역교통본부 개소, 일본 규슈경제권과 경제협력 업무협약 체결 등의 성과를 냈다. 부산과의 시·도지사 교환 근무를 통해 상호 이해를 높이기도 했다. 만약 내가 구상했던 동남권 특별자치도와 같이 추가적인 광역경제권, 예를 들면 5+2와 같은 7개 권역이 나눠진다면 지방의 위상이 보다 높아질 것이고 상원 도입에 대한 논의도 더 활발해질 것이라고 생각한다.

○ 지방정부는 통일의 초석

"남과 북은 나라의 통일을 위한 남측의 연합제 안과 북측의 낮은 단계의 연방제 안이 서로 공통성이 있다고 인정하고 앞으로 이 방향에서 통일을 지향시켜 나가기로 하였다."

이는 김대중 대통령과 김정일 위원장이 첫 남북정상회담 이후 2000년 6월 15일 발표한 남북공동선언문 제2항의 내용이다. 당시 참석한 이희호 여사에 따르면 김정일이 "낮은 단계의 연방제부터 하자"고 제안하자 김대중 대통령은 "연방제 통일 방안은 수용할 수 없다"고 말했다. 김대중 대통령은 자신이 제시한 '3단계 통일'의 첫 단계인 남북연합이 현실적인 방안이라고 설명했다. 이에 대해 김정일 위원장은 "낮은 단계의 연방제는 남쪽이 주장하는 연합제처럼 군사권과 외교권은 남과 북의 두 정부가 각각 보유하고 점진적으로 통일을 추진하자는 개념"이라고 설명했다. 이를 통해 남북 정상은 "북이 제시한 낮은 단계의 연방제와 남이 제의한 남북연합제가 공통점이 많으니 앞으로 함께 논의해나가자"는 의견을 모았다는 것이다. 정상 간 대화와 합의문은 이상과 목표를 제시하고 있다. 하지만 현실을 녹록치 않았다. 당시 합의한 남북합의문의 실현은 아직 미완으로 남아 있다.

그럼 한반도에서는 어떻게 낮은 단계의 연방제와 남북연합을 실현할 수 있을까.

이 역시 독일 통일을 통해 시사점을 얻을 수 있다. 독일의 전문가 및 정치인들은 한결같이 통일로 가는 길은 멀고 험하다며, 많은 준비가 필요하다고 강조한다. 그들은 또 "남북의 동질성과 정체성을 확보하는 것이 중요하다"고 입을 모으며 특히 '남북 주민의 교류'를 강조한다.

다행히도 최근 북한 경제가 살아나고 있다. 역대 최대라는 제재와 압박 속에서도 북한 경제는 2016년 GDP 성장률 3.6%, 장마당 500여 곳, 핸드폰 사용 수 500여만 대 등의 기록을 올렸다. 달라진 북한의 중심에는 김정은 위원장이 있다. 체제안정을 위해 핵을 개발하되, 시장경제를 받아들여 민생을 안정시키기 위한 이른바 '경제발전'이 북한의 핵심정책이다. 장마당과 무역을 기반으로 북한 시장경제를 견인하는 신흥부유층 '돈주'들이 평양의 건물에 투자를 하고 있다. 스마트폰 사용, 화려한 쇼핑몰, 패션, 먹거리, 개인PC와 오락기, 평양의 교통 체증, 늘어가는 택시 등도 오늘날 북한에서 흔히 볼 수 있다.

2002년 북한은 원자재와 생필품을 각 지방 실정에 맞게 자체 조달하도록 하는 이른바 '7·1 조치'를 시행했다. 이를 통해 과거 공산주의 방식의 배급 시스템은 무너지고 그 자리에 자생적으로 발전한 장마당이 들어섰다. 대한민국의 재래시장과 비교할 수 있는 이 장마당에 북한 주민의 80~90%가 의존하고 있다.

북한 경제의 핵인 장마당이 지역 중심으로 형성되면 북한 발전에 크게 기여할 수 있다. 또한 실핏줄같이 곳곳에 뻗은 장마당을 통해 남북한 주민들이 연결되고 지방정부 간 교류를 통해 동질성 회복에 나선다면 남북 교류도 활발해질 것이다. 지방정부 간 교류를 통해 지역 자생과 풀뿌리 민주주의를 확산해가고, 남북 지역이 함께 발전하는 구조를 만드는 것이다. 이를 위해서는 북에 대해 대한민국의 과감한 지원과 개방이 필요하다.

나는 경남도지사 시절에 '통일 딸기'와 '통일 쌀' 사업을 추진했다. '통일 딸기'는 봄에 딸기 모주를 평양으로 보내 평양의 협동농장에서 딸기 모종으로 키운 후 가을에 남한으로 다시 들여와 딸기를 수확하는 사업이다. 남북한 농업협력의 대표 상징이다. 나아가 북한에 '볍씨 보내기'와 '쌀 보내기' 등 인도적 지원을 아우른 '통일 쌀' 사업도 추진했다. 하지만 이명박 정부의 승인 불가로 인해 결국 사업은 좌초되었다.

1990년 '남북교류협력에 관한 법률' 제정 당시 제12조 남북한 교역 당사자 규정을 통해 지방정부는 법률상 교류의 주체로 인정받았지만 2009년 개정 당시 이 조항이 삭제되어 그 지위를 잃어버렸다. 이제 남북의 해빙기를 맞아 지방정부가 적극적으로 북한 지역과 교류할 수 있도록 법률을 개정하는 조치가 필요하다. 남쪽의 잉여농산물을 정부가 구매해 북한에 돕는 방안도 생각해볼 수 있다.

젊은 보좌진들에게 '남북 교류방안'에 대해 물었더니 '평창올림픽 같은 남북 문화 스포츠 페스티벌 교류'와 같은 답이 돌아왔다. 그 외에도 남북이 함께할 수 있는 행사는 많다. 남북한 간 각 지역을 통한 문화 교류와 산업 간 교류를 시작으로 공감대와 협력을 확산해나가는 것이 바람직하다. 예를 들어 휴전선에 의해 둘로 나뉜 강원도는 사투리나 역사적인 문화가 비슷하기 때문에 분단에 의한 언어적 차이를 좁히고 과거의 역사문화 유산을 공유함으로써 빠른 통합을 이뤄낼 수 있다. 기계 등 중공업이 발달한 경남 지역이 지하자원이 풍부한 북쪽 가장 끝 지역 함경북도와 교류 관계를 맺어 산업적으로 윈-윈하는 관계를 만들 수 있다. 점진적으로 남북경제공동체 형성에 기여하는 일이다.

남북 정상이 6·15남북공동선언에서 발표한 남북연합제나 낮은 단계의 연방제 안은 남북 주민의 교류로부터 출발해 경제공동체로의 발전으로 이어져야 정착될 수 있고 진정한 성과를 낼 수 있다. 독일의 통일은 바로 이런 경로를 통해 이뤄졌다.

○ **지역의 세계화 '글로컬리제이션'**

세계 유명 축제는 시기와 지역, 특성에 따라 여러 가지가 있겠지만, 그중 빠지지 않고 꼽히는 것이 독일의 옥토버페스트Oktoberfest다. 2017년 184회를 맞은 옥토버페스트는 매년 9월 15일 이후 토요일부터 10월 첫째 일요일까지 16~18일 동안 독일 뮌헨에서 열리는 세계 최대의 맥주축제다. 20일이 채 안 되는 기간 동안 매년 평균 600만 명의 관광객이 찾는다. 이 축제에는 뮌헨을 대표하는 세계적인 6대 맥주 회사가 참여한다.

가을에 새로운 맥주를 담그기 전 저장해둔 맥주를 소진하며 벌이던 전통적인 가을축제와 1810년 바이에른 왕국의 황태자와 작센의 공주 간 왕실 결혼식을 기념해 열린 경마경기가 결합하면서 옥토버페스트로 발전했다. 옥토버페스트는 전 세계로 퍼져 각 국에서 유사한 맥주 축제들이 열린다. 남해군수 시절 만든 독일마을에서도 10월이면 맥주축제가 열린다.

현대는 지역이 단순히 인근 지역과 경쟁하는 시대가 아니다. 지역이 전 세계와 경쟁하는 시대가 되었고 이러한 경쟁에서 살아남기 위해서는 지역적 특성을 극대화시켜야 한다. 중앙정부의 획일적 경쟁 시스템으로는 살아남기 어려운 시대다.

이제 대한민국 지역은 중앙의 예속에서 벗어나 세계로 뻗어가야 미래 희망이 있다. 바야흐로 '글로컬리제이션'의 시대다. 글로벌과 로컬리제이션의 합성어로 기업의 현지화를 뜻하기도 하지만 지역의 세계화를 의미한다. 옥토버페스트는 전형적인 글로컬리제이션, 지역의 세계화 사례라 할 수 있다.

연방국가의 장점은 바로 지역 특성을 살려 경쟁력을 확보하고 행복한 지역으로 만들 수 있다는 데 있다. 이는 각 지역이 가진 인적·물적 자원을 최대한 활용할 때 가능하다. 한국도 이러한 연방제 수준의 자치분권을 통해 지역의 고삐를 풀어주어야 한다. 나아가 지역이 세계적인 공동체의 중심 역할을 할 수 있도록 지원해야 한다.

　안중근 의사는 장 모네가 유럽공동체를 주장하기 40년 전에 이미 오늘날 유럽연합과 같은 형태의 동아시아 공동체를 제안한 바 있다. 안중근 의사는 "동양이 서양에 맞서 살 길은 일본이 침략 야욕을 버리고 한·청·일 3국이 수평적인 연대관계로 동맹하여 평화를 실현하는 길뿐"이라고 주장했다. 안중근 의사는 침략적 제국주의를 부정하고 동등한 연대관계를 통해 동아시아의 공동번영, 나아가 태국, 베트남 등 동남아시아 국가들까지 참여하는 아시아 공동체를 주창했다. 당시의 계몽지식인들이 생각지 못한 안중근 의사의 동양평화론이다. 그러면서 오늘날 유럽연합에서 실현하고 있는 '공동화폐 제도 및 공동 안보 체제'를 제안했다. 그는 시대를 앞서간 선각자이자 실천가였다. 그러나 아직 동북아는 냉전의 유령이 살아 있고, 민족주의 기세가 높다.

　반면 유럽은 오늘날 경제 및 안보 공동체를 만들었다. 유럽연합은 유럽석탄철강공동체로부터 출발해 유럽경제공동체EEC, 유럽원자력공동체EURATOM를 거쳐 유럽공동체EC로 이어지고, 1993년 유럽연합EU을 결성했다. 경제공동체로부터 시작해 정치경제적 공동체로 발전한 것이다. 독일은 석탄철강공동체 결성부터 주도해 오늘날 유럽연합을 이끌어가고 있다. 유럽연합은 유럽 각 국가 차원에서 주도해 이뤄졌고, 유럽연합 체제가 굳어지면서 지방정부들도 그 속에서 적극적인 역할을 모색해나갔다.

안중근 의사의 구상처럼 대한민국의 미래를 위해서는 동북아의 경제공동체, 나아가 평화에 기반하는 다자안보 공동체 결성이 필요하다. 그리고 북핵 문제, 위안부 사과와 보상 같은 역사 문제 등으로 인해 국가 차원의 공동체 결성을 위한 움직임이 쉽지 않을 경우 이러한 의제들을 제외하고 지방정부 차원에서 실질적 경제협력을 구축해나가면 향후 경제공동체를 만들어가는 데 중요한 역할을 할 수 있으리라 본다.

때문에 나는 도지사 시절에 이를 조금이라도 실천하기 위해 노력했다. 한일해협 8개 연안 시·도·현의 공동번영과 우호협력을 지방정부 간 모색하는 한일해협연안 시도현교류지사회의도 만들었다. 이 회의를 통해 다양한 협력 방안을 논의했는데 경남은 경남도민들이 많이 거주하는 야마구치 현 등과 자매결연을, 효고 현 등과는 우호협력의향지역 관계를 맺어 서로 협력하기도 했다.

한일, 한중 협력의 중요성에도 불구하고 중앙정부 차원에서는 각종 제한이 있는 만큼 지방정부 차원에서 강한 협력 관계를 통해 성공 사례들을 만들어갈 필요가 있다. 이를 위해 지역주민들과 더불어 정치인들이 아시아 및 세계사적 시각을 가져야 한다. 우리나라도 선진국과 어깨를 나란히 하면서 세계 경제와 평화를 주도해나갈 수 있다. 이를 위해 강력한 자치분권체제를 구축하고 지방정부 차원에서부터 준비해나가야 한다.

#3

독일보다 늦었지만
가장 멋진
통일을

'신의 옷자락을 잡은'
독일 통일

○ 누구도 독일 통일을 예상하지 못했다

신생 독일연방공화국(서독)은 총리민주주의라는 정치적 성공에다 사회적 시장경제를 내세워 경제 호조를 보이는 가운데 건국 40주년을 맞이하고 있었다. 1988년 발표된 서독의 경제는 산업 투자가 늘어나고 고용 증대를 보이고 있었다.

당시 동유럽권에는 거대한 두 가지 변혁이 일어났다. 사회주의 맹주국인 소련은 경제난을 이기지 못하고 페레스트로이카(개혁)와 글라스노스트(개방) 정책을 펴기 시작했다. 폴란드를 비롯한 동구권 사회주의 국가들에는 민주화 개혁 바람이 불었다. 이런 변화는 유럽에 새로운 질서를 태동시킬 태풍의 눈이 되었다. 누구도 어느 방향으로 진행되고, 어떤 영향을 줄지 예상하지 못했다.

1989년 11월 9일 베를린 장벽은 무너졌다. 그해 초까지도 장벽이 무너지고 통일이 될 것이라 생각한 사람은 거의 없었다. 동독을 13년 동안 지배했던 최고권력자 에리히 호네커 국가평의회 의장 겸 공산당 서기장은 1989년 1월 "베를린 장벽이 50년, 100년은 갈 것"이라고 말했다. 10개월 앞을 예측하지 못한 것이다. 구동독의 마지막 총리 로타르 드 메지에르(1990년 3월 동독의 처음이자 마지막 자유선거에서 총리로 선출) 박사 역시 "나도 자녀세대나 손자세대가 되어야 통일 이야기가 가능해질 것이라고 생각했다"고 고백했다.

하지만 독일은 준비된 나라였다. 전후 서독 총리였던 빌리 브란트는 통일의 씨앗을 뿌렸다. 그는 핵심참모 에곤 바르와 함께 '접근을 통한 변화'를 내걸고 동방정책(동유럽 화해정책)을 통해 냉전시대 동서의 긴장을 완화했다. 빌리 브란트는 1989년 드레스덴에서 한 마지막 연설에서 "이제야 원래 하나였던 것들이 함께 성장할 수 있구나!"라는 위대한 명언을 남겼다.

19세기 독일 통일의 아버지인 철혈 재상 비스마르크는 "역사 속을 지나가는 신의 옷자락을 놓치지 않고 잡아채는 것이 정치가의 책무"라는 격언을 후배 정치인들에게 남겼다. 이를 온몸으로 실천한 정치인이 바로 통일의 주역인 헬무트 콜 총리와 한스 디트리히 겐셔 외무부 장관이었다.

최장 외무부 장관이었던 겐셔는 비스마르크의 유훈을 제대로 기억

하고 "구름 사이로 잠깐 비추는 햇빛을 움켜쥐기 위해 노력해야 한다"고 역설했다. 갑작스럽게 통일이 될 수 있기 때문에 충분히 대비해야 한다는 말이다. 헬무트 콜 총리는 유럽 통일이라는 지붕 아래 독일 통일을 조심스럽게 만들어가면서 통일의 기회를 동물적인 감각으로 낚아챘다.

겐셔의 친구이기도 한 전독일연구소의 퀸 소장은 "구동독 정권의 입장에서 자본주의 형태로 통일을 하는 것은 상상할 수 없었다. 하지만 그것이 현실이 되었다"고 말한다. 역사는 결코 독재자의 의도대로 흘러가지 않는다는 점을 강조한 것이다. 그는 한반도 역시 마찬가지라며 통일에 대해 미리 철저하게 준비하라고 권고한다. 독일의 정치가들이 신의 옷자락을 잡았듯, 우리도 역사의 신이 언제 지나가는지 잡아채야 한다.

○ 잘못된 허상과 장벽의 붕괴

1980년대 이후 동서독의 체제 경쟁은 이미 끝이 났다. 서독이 여러모로 구동독 공산정권을 압도하고 있었다. 먼저 '인권의 측면'에서다. 구동독 정권은 비밀경찰인 슈타지를 내세워 '폭력의 메커니즘'을 운영하고 있었다. 100만 명의 슈타지가 2,600만 명의 주민을 도청, 협박, 폭력 등으로 감시하고 체제에 순응하게 만들려고 했다.

둘째, 경제와 산업에서의 동서독 격차는 점점 커졌다. 자동차로 비교하면 서독인들은 벤츠를 타고 고속도로에서 시속 200km를 달린다면, 동독인들은 트라비(동독에서 생산되었던 세단형 자동차 '트라반트'의 애칭. 동독인들이 가장 많이 사용하던 차종이다)를 몰고 비포장도로에서 시속 60km로 달리고 있었다.

한반도의 개성 같은 경제 특구를, 서독 정치인들은 통일 전부터 동독 전역에 경제 특구로 만들어갔다. 전독일연구소 퀸 소장은 "서독은 동독에 대해 엄청난 경제적·물리적 지원을 제공했을 뿐 아니라 서독을 통해서 외화를 확보할 수 있는 구조를 만들어 동독의 정책 결정자들에게 영향력을 가질 수 있었다. 이런 경제 및 재정 정책이 없었다면 통일 루트를 확보하기가 어려웠을 것이다"라고 말했다. 특히 소련이 경제적으로 몰락의 길을 걷게 되면서 서독의 경제 및 금융 정책을 레버리지로 활용하게 되었다.

서독은 이런 방식의 경제 및 재정 지원을 통해서 '낮은 단계의 접촉'의 길을 확보했다. 이산가족이 만날 수 있었고, 동서독 주민들의 상호 편지 교환과 방문이 가능했고, 나아가 구동독의 정치범들을 돈으로 구출할 수 있었다.[10]

구동독은 정치적, 경제적, 윤리적 정당성과 적법성을 잃었다. 새로운 시대가 열리게 되었다. 그 중심에 촛불을 든 구동독의 위대한 주민들이 있었다. 당시 20만 명의 열성 비밀경찰이 주민들을 감시하고 탄압했지만 그들의 민주화 열기를 꺾지는 못했다. 동독 내에서 매주

100만 명 이상이 모이는 촛불집회와 더불어 동독을 떠나는 엑소더스(대탈출)는 이미 체제의 몰락을 몰고 오고 있었다. 구동독 정권의 정치적 공백은 우연을 필연의 역사로 만들었다. 동독 체제와 베를린 장벽은 순식간에 무너졌다.

○ 동독 인민들의 선택은 통일

그해 5월부터 구동독의 엑소더스는 시작되었다. 8월 말에 이르자 오스트리아, 헝가리 대사관 및 국경을 넘어 서독으로 온 사람이 10만 명이 넘었다. 탈출하는 사람들이 기하급수적으로 늘어나고 있는 와중에 동독 땅에서는 매주 시위가 벌어졌다.

구동독 땅에서 독일 통일로 옮겨가는 분수령 같은 사건이 발생했다. 10월 7일 동베를린에서 동독 공산정권 수립 40주년 기념식에 참

10___ 1963년부터 통일 직전인 1989년까지 27년간 서독 교회는 무려 3만 3,755명의 동독 정치범을 서독으로 데려왔고, 25만 명의 이산가족을 상봉시켰다. 이를 위해 사용한 금액은 17억 3,000만 달러(당시 금액으로 약 1조 8,400억 원)였다. 구동독 정권에 투쟁하는 정치범을 돈을 지불하고 데려오는 '프라이카우프'를 시작할 당시 동독에는 약 1만 2,000명의 정치범이 투옥돼 있었지만 통일 직전에는 그 수가 2,000~2,500명으로 줄어들기도 했다. 통일 직전 서독에 대한 동독의 재정 의존도가 워낙 높았기 때문에 동독은 서독의 요구를 들어줄 수밖에 없었다.

석한 소련의 고르바초프는 "늦게 오는 자는 인생의 처벌을 받는다"는 소련 속담을 인용하며 경고 섞인 말을 한다. 구동독 정권의 지도자들에게 개혁을 하지 않으면 대가를 치르게 된다고 공개적으로 말한 것이다. 동독의 시위는 급속히 커지기 시작했다.

"우리가 인민이다 Wir sind das Volk."

1989년 10월 9일 라이프치히의 니콜라이 교회 월요기도회 후 시작된 시위가 7만 명으로 확대되었다. 동독의 주인은 공산당이나 비밀경찰이 아니라 인민이고, 그 인민이 우리라고 외쳤다. 라이프치히 시위대가 동독 경찰과 평화로운 대화를 촉구하는 선언문을 작성하고, 경찰은 시위에 개입하지 않았다.

구동독 정권에 대한 부패와 위선에 맞서 투쟁하는 시위는 드레스덴 등 전 지역으로 퍼져갔다. 구동독 정권은 무너지느냐 포기하느냐의 갈림길에 서 있었다. 스탈린주의자인 에리히 호네커 동독 공산당 서기장은 마침내 10월 18일 사임하고, 후임으로 에곤 크렌츠가 공산당 서기장에 올랐다. 크렌츠 정권 역시 무너지는 것은 시간 문제였다.

많은 동독인들의 탈주 속에서도 동독에 남은 민주 시위대는 개혁을 요구했다. 이들은 동독 정권의 개혁 조치에 불신하면서 목소리를 높이기 시작했다. 1989년 11월 9일 동독 공산당의 대변인인 귄터 샤보브스키는 동독 주민의 여행 완화 계획을 발표하게 된다. 이때 이탈리아 기자가 "언제부터냐?"라고 질문하자 "내가 알기로는 바로 지금부터"라고 응답했다. 동서독 주민들이 대거 국경으로 몰려갔고, 겁에

질린 국경 경비병들이 국경을 개방함으로써 베를린 장벽이 무너졌다.

"우리는 하나의 민족이다 Wir sind ein Volk!"

1989년 12월 초 시위군중의 구호는 더욱 명확해졌다. 1990년 3월 18일 동독에서 처음이자 마지막으로 '자유선거'가 실시되었다. 선거에서 민심은 점진적 통일이 아닌 신속한 통일을 원했다. 서독의 정치인들과 언론들도 통일을 말하기 시작했다. 헬무트 콜 내각 내독성(우리 통일부와 유사)의 도로테 빌름즈 장관은 "서독 국민의 85~90%가 재통일을 지지한다"는 여론조사 결과를 발표했다. 집권당인 기민당은 통일을 검토하기 시작했다.

4월 동독정부는 서독정부와 통일협의를 개시함으로써 통일작업은 급진전됐다. 4월 24일 로타르 드 메지에르 동독 총리는 서독의 수도 본에서 헬무트 콜 서독 총리와 화폐·경제·사회통합 원칙에 합의했다. 동독은 10월 3일 독일연방공화국(서독)에 가입할 것을 결의, 8월 31일 동서독 내무 장관 간에 통일조약이 체결되었다. 9월 20일 동서독 의회가 통일조약을 비준하고, 10월 2일 동독의회가 독일민주공화국(동독)의 소멸을 의결, 10월 3일 독일정부가 통일을 선포했다. 독일통일은 인류역사에 유례를 찾아보기 힘든 합법적, 평화적 방법으로 이루어졌다.

로타르 드 메지에르 총리나 퀸 소장 등 정치인들은 한결같이 "독일 통일은 개인의 노력보다는 동독 인민의 용기에 기반을 두었다. 그들은 거리로 나갔고, 민주화를 요구했고, 그리고 통일을 선택했다"고 평가했다. 동독 주민들의 적극적인 선택이 있었기에 동서독 평화통일이 가능했다는 것이다. 독일인들은 그러한 동독 주민의 결단과 노력, 그리고 희생에 경의를 보내고 있다.

○ 위대한 정치 지도자들의 리더십은 책임

1989년 11월 9일 베를린 장벽이 무너지는 날부터 1990년 10월까지 11개월 동안 통일 열차는 숨 가쁘게 달려갔다. 그 기관차의 운전석에 앉은 기관사는 거구 콜이었다.[11] 보수당인 기민당 출신의 헬무트 콜은 그 시대의 보수적 정치인인 영국의 대처나 미국의 레이건 대통령과는 다른 정책을 폈다. 그는 총리 취임사에서 "우리에게 독일 문제는 동서독 간의 관계를 넘어 민족 통일의 문제입니다. 독일이 분단되어 있는 한 유럽은 분단되어 있습니다. 따라서 독일 문제는 유럽 통일에 기여해야 하는 일로 이해해야 합니다"라고 말했다.

그는 자신과 정파가 다른 기민당 출신 빌리 브란트의 동방정책을

11__ 헬무트 콜 총리는 1989년 11월 26일 자신의 고향인 서독 루트비히스하펜 시의 조그마한 마을인 오거스하임에서 최측근 몇 명만이 모여 세상을 깜짝 놀라게 할 '독일 통일 10개항'을 준비했다.

이어갔다. 구동독 주민을 위해 이른바 '퍼주기' 정책을 가속했다. 독일 통일은 정책의 일관성을 지녔다. 즉, 빌리 브란트가 동방정책을 제시하자 슈미트 총리가 계승 발전시키고, 반대당인 헬무트 콜이 더욱 발전시켜 통일이라는 열매를 땄다. 로타르 드 메지에르 전 동독 총리는 나에게 "독일은 정권이 바뀌더라도 정파와 관계없이 우호적인 동독 정책을 지속적으로 일관했지만 대한민국은 그렇지 못하다"고 평가했다.

동방정책 같은 정책의 일관성은 연정을 통해 계승되었다. 자민당의 한스 디트리히 겐셔는 18년 동안 외무부 장관을 하면서 사민당과 기민당의 가교 역할을 했다. 보수정당 출신의 콜 총리는 신자유주의에 휩쓸리지 않고 독일 복지를 강화하는 정책을 펴기도 했다.

독일 통일에서 빼놓을 수 없는 또 한 명의 정치 지도자가 있다. 소련의 마지막 대통령인 고르바초프다. 고르바초프 개혁 개방의 최대 수혜자는 당연히 구동독의 주민들이었다. 소련은 군대를 개입시키지 않고 동독의 민주화를 지원했다. 메지에르 동독 총리는 "고르바초프는 소련에서는 정치적 실패자이지만 독일에겐 통일의 계기와 공산정권으로부터 해방을 가져다준 인물"이라고 평가했다.

메지에르는 "소련의 무력 개입을 허용하는 브레즈네프 독트린이 더 이상 효용성이 없다는 고르바초프의 1988년 12월의 UN 연설이 새로운 역사의 장을 여는 계기가 되었다"고 했다. 소련은 '소련의 길'을 갈 것이고, 나머지 공산국가들에 대해서도 개입하지 않을 테니 각자의 길을 알아서 가라고 한 것이다. 사실상 동유럽 공산국가들 간의 군사동맹 기구인 바르샤바 조약기구의 해체를 말했다. 실제 구동독의 민주화 운동이 전개되었을 때 소련군은 병영을 지켰다. 메지에르는 당시 구동독 지역 소련군 최고 사령관과의 통화를 회상하면서 "너희들은 무조건 병영에 있어라"는 명령을 들었다고 했다.

2차 세계대전 이후 미·소를 중심으로 벌어진 냉전의 대가는 가혹했다. 우리 땅에서는 세계 강대국 간 이데올로기 대립의 대리전인 한국 전쟁이 일어나 수많은 인명을 잃었다. 그리고 냉전 동안 천문학적인 비용으로 양 진영은 과다출혈을 하고 있었다. 소련의 경우 국가 GDP의 57%를 군사비용으로 지출할 정도였다고 한다. 미국의 재정적자 폭도 갈수록 커지고 있었다.

동구권의 구사회주의 시스템은 몰락하고 있었다. 구동독 지역을 넘어서 폴란드, 체코, 헝가리 등 시스템 전환이 이뤄지는 대격변의 시대였다. 사회주의 국가들은 서독 편에 서면서 동독 주민의 엑소더스를 도왔다. 독일의 정치 지도자들은 동물적인 감각으로 동유럽 국가들의 몰락을 대처하면서 정세를 유리하게 만들어갔다.

독일 통일은 우연하고 갑작스럽게 진행되었다고 말하지만 일련의 역사적인 과정, 필연을 통해 달성한 것이다. 서독은 총리민주주의, 라인 강의 기적과 사회적 시장경제, 단단한 사회보장제도, 그리고 퍼주기를 통해 동독에 대한 정치적, 경제적 우위를 확보하고 있었다. 게다가 국제적인 환경, 즉 소련 및 동구권 공산정권의 몰락이라는 대격변의 시대를 맞이했다. 그에 더해 지도자들의 역할이 있었다. 독일은 20세기 가장 참혹한 광기인 나치즘의 전쟁을 극복하고 가장 위대한 평화통일을 이룩함으로써 20세기 유물을 그 시대에 해결했다.

○ 세상에 공짜 도시락은 없다

'세상에 공짜 도시락은 없다!'

독일 통일 과정을 이보다 더 잘 설명하는 격언은 없다. 독일은 분단 시절-통일 국면-통일 후라는 세 개의 프로세스에서 엄청난 돈을 투자했다. 분단 시절 서독은 동독을 경제적으로 대폭 지원했다. 하지만 서독 정부는 이 과정에서 한 가지 원칙을 지켰다. 바로 '주고받는 법'이었다. 서독은 경제적 지원을 할 때 이산가족, 상호 방문 등 조건을 붙여 성사시켰다.

그 중심에 빌리 브란트 총리가 있었다. 그는 데탕트, 공생의 정책을 폈다. 핵심은 인권이었다. 동서독 인민들의 인권을 지켜줄 수 있고 그들에게 자유와 경제적 혜택이 가도록 정책을 편 것이다. 여기에는 서독의 압도적인 경제력이 바탕이 되었다. 서독은 고속도로, 철도 등 동독의 인프라 건설을 지원했다. 브란트 총리의 동독 지원 정책을 정치적 적대자인 후임자 헬무트 콜이 이어받아 더욱 강화하는 정책을 폈다.

또 하나의 사건이 발생했다. 1983년 독일의 최고 보수정치인인 기사당(기독사회당)의 프란츠 요셉 스트라우스가 '동독 원조'를 들고 나왔다. 그는 서독의 의회를 움직여서 동독이 서독의 제품을 살 수 있도록 신규 차관과 외상 구매를 위한 신용 대출을 가능케 했다. 반공주의자인 그가 민족주의자로 돌변한 것이다. 그는 동독 경제가 '서독의 퍼주기'에 기대도록 전략을 마련했다. 심지어 그는 휴가를 지중해나 해외로 가지 않고 동독에서 보낼 정도였다. 독일 우파의 대동독 정책 전환은 새로운 국면에 접어들고 있었다.

통일 과정에서도 서독은 막대한 돈을 쏟아부었다. 통일 전인 1989년 말까지 서독으로 이주한 망명자 수는 약 40만 명에 이르렀는데, 이들에게 사회보장제도 혜택을 주기 위해 서독 납세자들은 당시 9억 6,400만 달러를 부담했다. 또한 국경을 개방하고 서독 대사관에 동독의 이탈주민 체류를 허용한 체코, 헝가리, 오스트리아 등에도 서독은 백지 수표를 내밀었다.

한스 모드로프 전 동독 총리는 당시를 회상하면서 "독일 국경보다 먼저 바르샤바 조약기구 회원국인 헝가리와 나토 가입국인 오스트리아 간의 국경이 무너진 것으로 독일 통일은 시작되었다"면서 "독일 통일이 군사적 갈등으로 번지지 않았다는 것은 큰 역사적 행운이다"고 강조했다. 이를 기점으로 평화통일의 문이 열린 것이다. 이들 국가가 국경을 열게끔 하기 위해 서독은 당시 10억 마르크 지원을 각국에 약속했다. 이 같은 과정에 대해 모드로프 전 총리는 "국경의 붕

괴가 선물로 주어진 것이 아니라 외교적 노력, 특히 경제적 이해관계 속에서 만들어진 결과물"이라고 설명했다.

통일 과정에서 소요된 최대 비용은 구동독에 주둔한 소련군 34만 명에 대한 귀환 및 정책 지원이었다. 당시 이를 지켜본 퀸 소장은 나에게 "34만 소련 대군이 소련에 돌아가서 거주할 병영을 지을 돈과 이주 비용을 서독이 지불했고, 철군은 5년에 걸쳐 이뤄졌다"고 전했다.

통일 과정에서 최고의 압권은 헬무트 콜 총리의 결단이었다. 그는 구동독 주민들의 엑소더스 물결을 서독의 마르크라는 댐으로 틀어막았다. 그러자 동독의 주민들은 헬무트 콜 총리에게 "우리에게 마르크를 주지 않는다면 서독으로 가겠다"고 협박하기에 이르렀다. 결국 콜 총리는 1990년 서독의 마르크와 동독의 마르크를 1:1로 교환하는 정책을 발표했다. 당시 서독과 동독 마르크 가치는 공식적으로 4:1의 비율이었으나 암시장 등에서는 비공식적으로 8:1의 가치로 교환되었다. 그는 막대한 손해를 감수하고 이를 맞교환해준 것이다.

통일 이후 서독인들은 헌법 정신에 따라 연대세를 부과했다. 통일 정부는 2009년까지 1조 6,000억 유로라는 막대한 재원을 구동독 지역에 투자했다. 또한 지멘스, BMW 등 수많은 기업이 구동독 지역에 공장을 건설했다. 통일의 비용은 이같이 막대했지만, 그 혜택을 가장 많이 누리고 있는 것 역시 독일과 그 국민들이다. 국민소득이 통일 효과로 이전보다 두 배나 증가되었다. 독일인들은 "역사상 지금보다 더 자유롭고, 평화스럽고, 번영의 시대를 구가한 적도 없다"고 노래한다.

메지에르 총리는 나에게 "통일 비용은 미래를 위한 투자금이다. 분단 비용은 버려지는 돈이지만 통일에 투자하는 비용은 건설 비용이다"라고 강조했다. 오늘날 동베를린 지역의 발전상이 이를 증명한다. 그리고 이를 통해 독일 경제가 확장되고 더 크게 성장하는 선순환 단계에 들어섰다. 경제학적으로 분단 편익보다는 통일 편익이 훨씬 크다는 점이 독일 통일을 통해 검증된 것이다.

○ 통일 이후 오래된 악의 업보와 새로운 과제

"공산주의가 남긴 상처를 치유하는 데는 한 세기 이상의 긴 시간이 필요하다. 서독인의 오만함을 표현하는 '베씨Wessi', 동독인을 비하하는 '오씨Ossi'라는 표현이 있듯, 동서독 주민 간 갈등도 있을 것이다."

미국의 독일 전문가인 데니스 바크 등이 《독일 현대사》 제4권에서 진단한 내용이다. 구동독 공산정권은 경제적으로 무능했고, 자국민에 악랄했고, 소련에 사대주의적이었으며, 통일에 방해 세력이었다. 악의 정권이었다. 그리고 그 악의 업보는 통일이 된 지금까지 이어지고 있다.

지난 28년간 서독이 천문학적으로 동독에 투자를 했음에도 불구하고 동서독의 차이가 존재하고 있다. 임금 차이, 연금 차이가 대표적이다. 이 같은 차이가 통일 이후 새로운 정치 현상, 즉 극우를 탄생시키는 숙주가 되고 있는 것이다.

모드로프 총리는 "통일 이후 드러난 각종 문제점들로 인해 극우정당들이 지지를 받게 되는 정치적 현상을 경험하고 있다"고 말했다. 특히 과거 구동독 지역에서 이 같은 현상이 두드러지고 있다. 지난 총선에서 극우당인 대안당이 12%의 국민 지지를 받아서 기민당, 사민당에 이어 제3당으로 국회에 입성했다. 과거 히틀러의 등장 당시 극우 세력 지지율은 18% 정도였다. 때문에 극우정당의 지지율 상승은 히틀러 정권을 경험한 독일인들에게 과거의 악몽을 떠올리게 한다.

지식사회에서의 격차는 더욱 두드러진다. 현재 구동독 지역 대학의 교수급 8%만이 구동독 출신으로 알려져 있다. 또한 고위 공무원급의 경우 30%만이 구동독 출신이라고 한다. 부의 대물림같이 엘리트의 대물림이 이어지고 있는 것이다. 한 사회가 한 세대를 완전히 잃어버리는 것과 같다. 전 국민의 지능과 역량이 국가발전을 위해 총동원되어야 하는데 정치적인 관계 때문에 제한되거나 갈등 양상으로 번질 위험이 있다. 모드로프 총리는 "통일 이후 깊은 고민과 각성이 없었기 때문에 생겨난 현상"이라고 진단하며 "새로운 대안을 찾으려는 노력을 거의 하지 않았기 때문에 빚어진 이러한 실수가 대한민국에서는 반복되지 않도록 해야 한다"고 말한다.

유럽 통합 역시 여러 후유증을 낳았다. 독일의 극우정당 부상 외에도 프랑스, 이탈리아, 헝가리 등 서유럽, 동유럽 모두 극우 세력이 득세하고 있다. 안정성이 크게 결여되면 포퓰리즘이 득세하고 극우 세력이 준동하게 된다.

또 하나의 관심거리는 이후 유럽의회 선거에서 어떤 정치 지형이 그려질지다. 극우의 득세로 유럽 통합의 안정성이 흔들리는 경우를 상정할 수 있다. 유럽과 관련한 러시아의 정체성도 문제다. 57개국이 참여한 유럽안보협력기구OSCE가 기존의 서방이 중심이 된 나토와의 관계를 어떻게 설정할 것인가에 귀추가 주목된다.

극우의 부상과 지역 간 격차를 어떻게 해소해나가는가의 문제는 현재 프랑스와 더불어 EU의 기관차 역할을 담당하는 독일의 가장 큰 과제다. 유럽 통합의 안정성 확보는 독일과 유럽연합이 공동체 구성원들의 평화로운 삶을 보장하고, 문화적 다양성 속에서도 독자적인 활력과 풍요로움을 구가할 수 있을 때 가능하다.

동북아는 아직 그 길의 첫발을 내딛지 못하는 상황이다. 앞서 간 나라와 대륙의 경험을 우리 미래의 새로운 기대로 만들어내는 작업이 필요하다.

로타르 드 메지에르 총리와의 대담

메지에르 전 동독 총리는 나에게 "통일 비용은 미래를 위한 투자금이다. 분단 비용은 버려지는 돈이지만 통일에 투자하는 비용은 건설 비용이다"라고 강조했다.

한스 모드로프 총리와의 대담

한스 모드로프 전 동독 총리는 "한반도의 경우 아직 휴전 상태이기 때문에 우선 평화 협정을 맺어야 한다"고 제안했다. 한국 전쟁의 당사자인 남·북·미가 함께 모여 '원 샷'으로 한 시대를 마감하는 형태다.

한반도에서
가장 멋진 통일을

○ 지체된 역사 빨리 빨리 동시성으로

'비동시성의 동시성!'

독일의 유명한 사회철학자인 라인하르트 코젤렉은 역사를 "과거의 '경험공간'과 미래의 '기대지평'의 융합이라는, 비동시적인 것의 동시성을 담보하는 운동 개념"으로 설명했다. 우리는 독일의 통일을 경험했다. 우리에게 독일 통일은 '지나간 미래'다. 독일의 입장에서 우리의 통일은 과거 자신들이 겪었던 시간이 다시 현재에 존재하는 것과 같다. 우리는 독일의 통일 경험을 통해서 우리의 미래를 열어야 한다. 독일 통일과 우리의 통일은 같아 보이지만 그와는 다른, 더욱 진보된 방향으로 만들어내야 할 새로운 미래일 수밖에 없다.

평화통일이라는 독일의 경험 공간이 한국의 기대 지평에 융복합되기 위해서는 무엇보다 '시간성의 차이'를 분석할 필요가 있다.

구분	독일	한국	비고
첫 정상회담	1970년 브란트와 스토프 만남	2000년 김대중과 김정일 만남	한반도가 독일보다 30년 늦음
두 번째 정상회담	1981년 슈미트와 호네커 만남	2007년 노무현과 김정일 만남	한반도가 26년 늦음
세 번째 정상회담	1987년 헬무트 콜과 호네커 만남	2018년 문재인과 김정은 만남	한반도가 31년 늦음
UN 가입	1974년 동서독 UN 가입	1991년 남북 UN 가입	북한 고립 해제해야 의미
미국과 국교 수교	1975년 동독과 미국 수교	아직 북미 수교가 수립 안됨	해결 과제
주민 왕래	1958년부터 서독을 방문한 동독주민 약 2,000만 명 추정	이산가족 만남	동서독과 남북관계의 가장 큰 차이
방송 청취/ 특파원 교류	1972년 동서독 자유로운 청취	봉쇄 및 통제	단절
경제지원	퍼주기	중단	독일 퍼주기 성공
통일	1990년 10월	미완성	독일 통일로부터 27년 이상 지체

앞서 살펴보았듯 독일의 평화통일은 국내에서 두 개의 바퀴가 제대로 굴러갔기 때문에 가능했다. 한편으로는 정치 지도자들이 일관성 있는 대동독 정책을 유지하다 기회가 왔을 때 적극적인 외교적 노력을 기울였으며, 다른 한편으로는 주민들의 교류, 서신 및 상호 왕래로 상호 동질성을 확보해가는 프로세스가 있었기 때문이다.

그러나 독일의 유명한 언론인 테오 좀머가 지적했듯이, 한반도 남북관계는 'go and stop', 즉 가다가 중지하기의 연속이었다. 그 원인은 바로 남북 정치 지도자들이 '다시 돌이킬 수 없는 남북 주민들의 연결'을 시도하지 않았기 때문이다. 독일은 아래로부터 시작된 움직임이 위로 올라가 정책에 반영되는 '바텀 업bottom up' 방식과 위에서 정해진 정책이 아래로 내려오는 '톱 다운top down' 방식이 함께 어우러져 진행되었지만 한국은 그러지 못했다. 한국은 정권이 바뀌면 남북 관계가 급변하곤 했다.

그럼 한국형 평화통일, 늦었지만 가장 멋진 통일은 어떻게 이룰 수 있을까. '가장 멋진 통일'은 어떤 것일까.

먼저 대한민국의 발전 원동력인 '빨리 빨리' 정신으로 지체된 역사를 복원하는 일이 필요하다. 남북 지도자들의 적극적인 노력으로 평화 체제를 정착시키고 북미 · 북일 수교를 이루는 것 등이 급선무다. 2018년 한반도는 해빙 무드로 가고 있다. 빨리 빨리 실적을 내는 일이 시급하다.

둘째, 남북 주민들을 위한 교류 협력 방안이 마련되고 실시되어야 한다. 독일같이 상호 서신교환, 상호 방문, 방송청취, 도시 자매결연, 차관 지원, 인프라 구축 등을 통해 동질성과 동방 성장을 이뤄가는 것이야말로 통일 인프라를 다지는 길이다.

셋째, 남북 및 북방경제공동체 건설이 필요하다. 외딴섬같이 홀로 존재하는 개성의 경제 특구를 전 북한 지역으로 확장하는 것이다. 북한을 제4차 산업혁명 전진기지로 탈바꿈하자. 북한 노동력과 기술, 남한의 자본과 기술이 융복합하면 새로운 경제 에너지와 신新성장 동력을 만들어갈 수 있다. 세계적인 작가 유발 하라리도 저서《호모 데우스》에서 "북한은 새로운 4차 산업혁명의 전진기지가 될 수 있다"고 말한 바 있다.

문제는 남한의 극우 보수주의자들이 냉전시대의 시각을 극복하지 못하고 있다는 사실이다. 독일 통일 과정과는 정반대 현상이다.《독일 현대사》에는 "독일 통일 과정에서 우파들이 현실주의자였다면 독일 좌파들은 반동적이었다"는 지적이 나온다. 통일 과정에서 좌파들이 상황을 오판했고, 통일에 적극적이지 않았다는 것이다. 그와 반대로 한국에서는 자유한국당 등 보수정당들이 민족 공동체 회복에 대한 각성과 방안 제시도 없이 '비판을 위한 비판'을 일삼는 구태를 보이고 있다. 대한민국 우파정당들이 평화통일된 대한민국에서 낙오자가 되지 않길 기원해본다.

○ 문 대통령은 통일의 문을 열 것인가

"통일하면 되잖아!"

나는 독일 연수중이던 2014년 스페인을 방문해 스페인 사회민주
주의 정당인 사회노동당PSOE의 후안 모스코소 의원을 만났다. 대화
도중 내가 "우리나라가 국민소득 3만 달러를 넘지 못하는 장기적인
저성장에 직면해 걱정"이라고 말하자 그는 이렇게 소리쳤다. "무슨
걱정이야! 통일하면 되잖아!" 북한의 자원과 남한의 기술력이 합쳐
지고 시베리아 횡단열차를 통해 유럽까지 연결되면 그 시너지 효과
가 상상을 초월하는데 뭐가 걱정이냐는 반문이었다.

독일 통일을 지켜보고 유럽 통합까지 달성한 유럽 의원으로서는
어찌 보면 당연한 일이었는지 모른다. 하지만 유럽 정치인들이 한반
도 통일에 대해 그렇게 열정적이고 당연하게 생각한다는 사실은 나
에게 큰 충격이었다.

"문재인 대통령의 성姓인 '문'은 '문을 열어간다'는 뜻으로 알고 있
습니다. 북한과의 대화의 문을 활짝 열어갈 것을 확신합니다."

문재인 대통령이 2017년 7월 6일 베를린의 쾨르버 재단에서 '신
한반도 평화비전'을 발표할 때 사회를 본 하울젠 이사의 인사말이다.

이날 문 대통령은 지난 잃어버린 남북관계 10년을 극복하고 새로
운 한반도 평화구상을 선언했다. 문 대통령은 한반도 평화추구, 북
체제 보장과 비핵화, 항구적 평화체제 구축, 한반도 신경제지도 구상,

비정치적 교류사업 추진 등 5대 정책 기조도 제시했다. 하이라이트는 이미 17년 전 김대중 대통령이 베를린에서 제안해서 2000년 최초의 남북 정상회담이 성사되었듯, 문 대통령이 "여건이 갖춰지고 한반도의 긴장과 대치국면을 전환할 계기가 된다면 언제 어디서든 북한의 김정은 위원장과 만날 용의가 있다"고 밝힌 점이다. 또한 북한에게 평창올림픽에 참여해 평화의 올림픽을 만들어가자고 제안하기도 했다. 이후 그의 구상대로 평창올림픽의 북한 대표 참여, 남북정상회담, 북미정상회담이 이어졌다.

그날 발표 자리에는 모드로프 전 총리도 참석했다. 그는 이후 나와의 만남에서 "문 대통령의 비전을 적극 지원해야 한다"면서 "평창올림픽이 열린 겨울의 차가운 기온에도 약간의 따뜻한 온기를 잘 유지할 필요가 있다"고 강조했다. 그는 올림픽을 계기로 문화, 예술 등 민간 부문 교류가 더욱 활성화되어야 한다고도 덧붙였다. 모드로프 총리는 베를린에 있는 정범구 대사와 박남영 북한 대사를 동시에 초청해 남북 대화 자리를 만들기도 했다.

전독일연구소의 퀸 소장은 "문 대통령은 한반도 관계를 정확하게 이해하고 있다"며 "과거 박근혜 정권이 폐쇄했던 개성공단을 다시 열고, 금강산 관광 등을 재개하겠다는 전향적인 도모가 굉장히 중요하다"고 평가했다. 또한 그는 "개성공단은 그곳에서 일하는 수백 명의 노동자뿐만 아니라 수천 혹은 수만 명에게로의 영향력 확산 가능성을 가진 매개 역할을 하고 있다"며 수십 개의 개성공단이 북한 전역에 건설되면 남북 상황은 크게 달라질 것으로 전망했다.

하지만 분단국이라는 유사성 외에 한국과 독일과의 차이점도 분명히 존재한다. 독일은 패전국으로서, 한반도는 미소 강대국에 의한 희생양으로 양분되었다. 한국은 냉전의 대리전이자 형제 간 전쟁을 치렀다.

로타르 드 메지에르 총리는 "동서독은 종교, 방송, 문화, 스포츠 등 민간 교류가 활발하게 전개됨으로써 민주적 공감대가 형성되어 있었던 반면 남북한은 지금까지 민간 접촉이 거의 없었다"고 지적한다. 또한 그는 "서독인이 동독에 대해 알고 있었던 것보다, 동독인이 서독에 대해 훨씬 더 많이 알고 있었다는 사실이 밝혀졌다"고 평가했다.

이 점에서는 대한민국도 유사하다. 남쪽 시민들은 북한 주민의 일상생활과 현실을 잘 모르고, 오히려 북한에서는 '한류'나 한국 물건에 대해 잘 알고 있다. 따라서 대한민국도 독일같이 과감하게 북한 방송을 시청할 수 있는 개방정책을 도입할 필요가 있다. 통일의 문은 편지 교류, 상호 방문, TV 시청 등 주민들의 교류를 통해 상호 동질성과 정체성을 확보해가는 과정에서 자연스럽게 열린다는 것을 독일 통일에서 배울 수 있기 때문이다.

○ 실핏줄을 잇는 '소통일'로부터 정치 헌법적 '대통일'로

"박근혜 대통령이 드레스덴 연설을 할 때 인사말이 필요하다는 요청이 와서 행사장에 섰는데, 그때 그러한 선택을 한 것이 어리석었다. 2년 후 그 대통령이 감옥에 가게 되었으니……."

로타르 드 메지에르 총리가 나에게 한 고백이다. 이에 대해 나는 "당시 박근혜 대통령이 펼친 통일대박론의 기조에 동의했을 수 있다"며 위로의 말을 건넸다. 하지만 박 전 대통령의 드레스덴 선언이 허상으로 밝혀지는 데는 오랜 시간이 필요치 않았다. 신뢰 프로세스는 대화 의지뿐만 아니라 행동으로 실천하는 데서 나오는 것인데, 박 전 대통령에게는 실천 의지가 없었던 것이다.

메지에르 총리는 한편 "김대중 대통령의 햇볕정책이 빌리 브란트 총리의 동방정책과 일맥상통한다"고 평가했다. 다만 큰 차이는 독일의 경우 정파에 상관없이 통일 정책의 일관성을 유지한 데 비해 한국은 지속적인 신뢰 정책이 없었다는 점이다. 서독의 동방정책에 견줄 수 있는 김대중 대통령의 햇볕정책이 노무현 대통령까지는 계승되었으나, 극우 보수정권이 들어서면서 중단되는 불상사를 낳았다. 독일 같이 이명박·박근혜 정부에서 햇볕정책이 계승되었다면 현재의 남북관계는 크게 달라졌을 것이다.

전독일연구소의 퀸 소장 등 독일의 전문가들은 "내가 한국인이라면 어떤 대가를 치르더라도 수단과 방법을 가리지 않고 남북 주민의

151

만남을 종용할 것이다"라면서 "어떤 경우라도 상호 만남이 지속되어야 한다"고 강조한다. 또한 중앙정부만이 아닌 지방정부가 교류에 앞장선 독일같이 대한민국 역시 지방정부들이 남북 교류에 동참할 수 있는 길을 개방해야 한다고 강조한다. 퀸 소장은 또 나에게 "북한에 대한 문호 개방을 두려워하지 마라. 북한 TV 시청의 자유를 허용하라. 뭐가 두려운가, 용기를 가져라"고 말했다.

남북 소통과 통일을 위해 가장 중요한 것은 북한 장마당, 소프트파워 같은 실핏줄을 이어가는 것이라고 독일인들은 강조한다. '소小통일'을 먼저 하라는 주문이다. 그리고 이를 통해 남북이 신뢰구축에 성공해야 한다고 말한다.

퀸 소장은 "현재 남북관계에서 당장의 신뢰구축은 어렵기 때문에 실사구시적으로 접근해야 한다"며 "남북 교류를 활발히 하면서 동시에 상호 의존도를 높여 상호 윈-윈하는 시스템을 만들어가야 한다"고 말했다. 이런 관계가 무르익고 발전할 때 상호 신뢰는 구축된다는 얘기다. "핵과 미사일은 북·미협상에 맡겨두고 남북 교류와 이해관계부터 도모하라"는 것이다.

그럼 한반도의 통일 프로세스는 어떻게 진행되어야 할까. 남북은 독일과는 다른, 어떤 새로운 길을 가야 하는가.

이에 대해 한스 모드로프 총리는 "한반도의 경우 아직 휴전 상태이기 때문에 우선 평화협정을 맺어야 한다"고 제안한다. 한국 전쟁의 당사자인 남·북·미가 함께 모여 '원 샷'으로 한 시대를 마감하는 형태다.

독일 통일 과정에 참여한 모드로프 총리는 "당시 2(동·서독)+4(미·소·영·러) 협상에서 통일의 기본 틀이 마련되고 있었다"면서도 "6자 회담의 형태가 진행되기는 했으나 결과적으로는 3+1 협상이었다"고 말했다. 즉 실제 통일 협상 과정에서 이미 하나된 동서독과 미국 세 나라가 한 편을 구성하고, 또 다른 한 편은 소련이었다는 설명이다. 통일된 독일군이 나토에 남을 것인지 중립국으로 가야할 것인지는 미소 협상을 통해 해결했다. 그리고 1989년 12월에 콜과 모드로프 총리 간 회담을 통해서 4대 원칙이 보장되는 총선거 실시가 추진되어 1990년 3월 18일 조기 총선 실시, 이후 5월 화폐통합 합의 등이 이뤄졌다. 1990년 9월 네 차례 회담 끝에 2+4 회담에서 '독일 관련 최종 해결에 관한 조약(2+4 조약)'에 서명했고 10월 3일 통일을 달성했다.

이를 한반도에 적용하면 북한 핵과 미사일 문제는 6자 회담보다 북미 간의 직접 협상을 통해 해결하는 것이 실사구시적이고 현실적이라는 해석이 가능하다. 우리는 독일과 달리 승전국의 승인이 필요 없고 당사자 간 합의만 있으면 해결되기 때문이다.

독일 통일 과정에서 주목해야 할 또 하나의 중요한 시사점은 동독인에 대한 인권 존중이었다. 모드로프 총리는 통일 협정문에 "동독인의 인권은 100% 존중되어, 어떤 정치적 입장이나 행위에 대해서도 불이익을 받아서는 안 된다"는 내용이 포함되어 있었다고 한다. 실제 통일 이후 구동독 정권의 통일사회당이 그대로 존속했고, 이후 좌파당으로 당명을 개명했다. 지난 2017년 총선거에서는 전체 10%의 국민 지지를 받기도 했다.

모드로프 총리는 독일 통일의 세 가지 관문으로 '동서독 지도자 간 협상, 독일 통일에 대한 반대 세력이 없어진 점, 그리고 통일 독일의 나토 가입을 소련이 용인한 점'을 들었다. 이를 우리에게 적용하면 먼저 남북 최고 지도자가 의지를 갖고 협상해 통일된 나라가 어떤 국가 체제를 갖출 것인가에 합의하고 국제적인 지원과 주변국들의 승인을 얻는 수순으로 풀어볼 수 있다. 그렇게 하여 우리가 이룰 통일 한국은 2000년 6월 15일 남북이 합의한 남북연합제와 낮은 단계의 연방국가, 자유민주주의와 시장경제가 보장되는 나라여야 할 것이다.

○ 개마고원 프로젝트와 온성 버킷 리스트

문재인 대통령의 버킷 리스트에는 개마고원 트레킹이 우선 순위에 놓여 있다고 한다. 죽기 전에 꼭 한 번 개마고원을 직접 발로 걸어보고 싶다는 것이다. 문 대통령의 저서 《대한민국이 묻는다》에도 수록된 이야기다. 문 대통령은 북한 김정은 위원장과 동생 김여정 등 북한 대표단 일행을 맞이하는 자리에서도 "젊었을 때 개마고원에서 한

두 달 지내는 것이 꿈이었다"며 "집에 개마고원 사진을 걸어놓기도 했다"고 밝혔다.

나의 버킷 리스트는 한반도의 최북단 온성에서 정치 인생을 마무리하는 것이다. 나는 대한민국 최남단 남해에서 이장으로 정치를 시작해 군수, 도지사, 장관을 거쳐 대통령 후보에도 도전했다. 대선 후보 경선에 실패하고 독일 연수를 떠났다. 나의 정치 인생 2막은 접경지역인 김포에서 국회의원에 당선되면서 시작되었다. 독일의 빌리 브란트를 공부하면서 모두가 함께 번영하는 미래 대한민국에 대해 담대한 꿈을 꾸게 되었다. 그리고 마지막으로 북한 재건과 부흥에 모든 것을 던지고 싶다. 통일된 한반도의 북쪽 끝 마을 온성에서 정치 인생을 마무리하겠다는 꿈이다.

이 같은 남북 평화통일의 꿈을 이루기 위해 지켜야 할 원칙과 해결해야 할 과제는 과연 무엇일까. 독일이 남겨준 경험에 비추어 이를 정리해보았다.

먼저 한국 전쟁에 대한 화해와 치유다. 독일 통일은 기독교를 통해 완성되었다고 말할 정도로 종교가 큰 역할을 담당했다. 1990년 통일을 조율하기 전 열린 예배에서 지글러 목사는 "치유와 근본적인 해결은 자비와 용서에서 나온다"고 설교했다. 예배, 스포츠, 문화, 지원 등 동서 주민들끼리 낮은 단계의 만남을 통해 서로 용서하고 자비를 베풀라는 것이다. 남북 주민들 역시 교류를 통해 서로를 이해하고 과거에 대해 용서하는 마음을 키워가는 것이 중요하다.

둘째, 북한에 대한 제재 문제다. 북한 비핵화를 위해서는 국제사회와 함께 강력한 규제를 해나가야 한다. 하지만 인도적인 지원은 지속되어야 한다. 중도보수당인 기민당 소속의 쇼이블레 독일 연방하원 의장의 부인은 북한 영유아 돕기에 앞장서고 있다. 우리도 북한 민간 돕기에 더욱 적극적으로 나서야 한다.

셋째, 경제 공동체 형성이다. 메지에르 총리는 "동서독은 상호 경쟁적인 관계였지만 남북한 경제는 상호 보완적인 관계"라면서 남북의 경제공동체 형성 필요성을 강조한다. 동독과 서독은 둘 다 천연자원이 없었고 서로 살아남기 위한 경쟁 관계였다고 하면 우리는 남쪽의 기술과 북쪽의 천연자원 결합을 통해 훨씬 더 강력한 국가로 거듭날 수 있다는 지적이다. 통일된 대한민국이 2030년에 세계 경제 5대 강국이 될 수 있다고 경제 전문가들이 전망하는 이유이기도 하다. 세계 최고의 국가신용평가기관인 골드만삭스는 2050년에 한국의 GDP가 미국에 이어 세계 2위가 된다는 예상을 내놓기도 했다.

넷째, 주변국과의 좋은 관계를 유지하며 상호 윈-윈하는 통일이다. 독일은 유럽 통일이라는 우산 속에서 독일 통일을 이룩하였다. 이후 유로화를 공용하는 경제공동체를 통해 유럽 각국이 상호 도움이 되는 상황을 만들었다. 우리 역시 통일된 한국이 미국, 중국, 일본, 러시아 등에 불리한 조건이 되지 않으며 오히려 유리한 환경을 만들어줄 것이라는 점을 분명하게 제시해야 한다.

다섯째, 결국 정치 지도자의 역할이다. 통일을 위해서는 적극적이고 통 큰 정치 지도자가 필요하다. 메지에르 총리는 "지금 한반도 상황은 김정은이 주도하고 있다"면서 "한국은 북한의 행동에 대응하는 수준에 머물지 말고 보다 적극적으로 관계를 주도하라"고 주문한다. 우리는 그간 북한의 협력을 이끌어내기 위한 대화 노력, 교류와 협력을 넓히기 위한 노력, 그리고 무엇보다 국제사회를 움직이기 위한 노력이 부족했던 점을 반성해야 한다. 문재인 대통령의 '운전자론'은 그런 의미에서 옳은 방향을 제시하고 있다.

역사는 긴 시간을 두고 이뤄지는 것이다. 시간의 축적이 필요할 뿐만 아니라 비전과 프로그램을 가지고 적극적으로 '신의 옷자락을 잡아야' 통일이 가능하다. 따라서 신의 옷자락을 잡을 수 있는 지도자의 혜안과 내공이 중요하다. 축적된 준비만이 독일처럼 하루아침에 통일을 이뤄낼 수 있다는 점을 기억해야 한다.

통일 이후도 대비해야 한다. 북한 군대를 새롭게 자리매김하고 교육 시스템을 갖춰야 한다. 통일은 남북민이 그 결과를 감당할 수 있을 만큼 점진적으로 준비되어야 한다. 동독 출신의 메지에르 총리는 "부정의를 정의로 전환하는 데 부정의한 방법을 사용하지 않는 것은 쉽지 않다"면서 "합법적인 절차에 따라 부정의를 정의로 전환하라"고 조언한다.

남북관계를 개선하는 데는 어려움이 많이 놓여 있다. 하지만 나는 이 어려움을 남북 주민들과 함께 극복해나가고 싶다. 함께 꿈을 꾸고 싶다.

2013년 독일에 체류하던 시절 가끔 시간을 내서 기차를 타고 유럽의 다른 나라 국경을 넘나들 때 내가 느낀 것은 한마디로 부러움이었다. 유럽연합이 무엇인지 복잡한 이론을 가지고 설명할 필요가 없었다. 국경 없이, 검문 없이 이웃 나라의 문화를 편히 즐기고, 시장을 볼 수 있는 데서 유럽연합이 어떤 것인지 실감할 수 있었다. 독일 베를린에서 뮌헨을 거쳐 오스트리아 잘츠부르크까지 다녀오는데, 비자나 입국 심사 등을 전혀 거치지 않았다. 국경을 넘어선 낯선 땅에 아무 절차 없이 발을 내디딜 수 있었던 그 순간 느낀 전율을 나는 아직 잊을 수가 없다.

우리 청년들이 북한 청년들을 만나고, 그들과 함께 중국, 러시아를 거쳐 유럽 대륙의 베를린까지 기차로 여행할 수 있는 날이 하루빨리 다가오기를 꿈꿔본다.

베를린 장벽에서

한국 정치의 철지난 여야 이데올로기 싸움과 내적 갈등은 분단이라는 기형적 구조에서 시작된 것이다. 냉전을 완전히 종식시키고 남북이 평화와 공동 번영의 시대를 열어가는 데 기여하는 것이 나의 정치적 소명이다.

#4

내 삶에
힘이 되는
정당으로

독일의 수준 높은
정당 정치 문화

○ 국민의 지지를 받는 독일 정당

독일에서는 정당의 위상이 높을 뿐 아니라 국민의 지지가 높다. 이런 정당 문화가 발전한 데는 나름의 배경이 있다. 자리보다는 소신 있는 정치철학을 가진 정치인이 많다. 독일 연방의회 3선 의원과 질트 시장을 지낸 독일 슐레스비히-홀스타인 주 대표부의 잉그베르트 리빙 전권대사를 만났을 때 나는 "왜 연방의회 같은 좋은 자리에서 일하지 않고 이곳에서 일하느냐"라고 질문했다. 그는 "다양한 정치 경력과 경험을 통해 베를린 연방정치를 잘 알고 있고, 우리 주의 이해관계를 가장 잘 대변할 수 있다는 생각에서 주 대표부의 전권대사를 맡았다"라고 대답했다. 한국으로 치자면 경륜 있는 3선 국회의원

161

이 자리를 박차고 나와 지방정부의 서울사무소를 이끌고 있는 격이다.

리빙 전권대사의 선택은 두 가지 의미를 가지고 있다. 하나는 독일 주요 정치인들이 자리보다는 자신에게 가치 있는 일을 선호한다는 점이다. 다른 하나는 독일 정당이 당원과 당의 자산을 효율적으로 운영하고 활용한다는 점이다. 리빙 전권대사는 정당에 대한 자부심뿐 아니라 연방국가에 대한 정치철학이 뚜렷했다. 그래서 한국 기준으로 볼 때 '직급 하향'으로 볼 수 있는 선택을 한 것이다. 이같이 남다른 철학을 가진 정치인들이 정당에서 활동하니 독일 정당의 위상이 높을 수밖에 없다.

독일 정당 위상이 높은 또 다른 이유로 총리민주주의와 정당명부식 비례대표 선거제도를 꼽을 수 있다. 독일은 의석 비율을 연계하는 정당명부식 연동형 비례대표 시스템을 도입했다. 국회의원 절반을 다수대표제(제1투표)에 의한 지역구 직접 선출로 뽑고, 나머지 절반은 정당명부식 비례대표로 뽑아 총 598 + a 명을 선출하고 있다. 다수대표제는 가장 많은 득표를 한 1인만이 의석을 얻는 제도다. 정당명부식 비례대표는 특정 후보자가 아니라 정당에 투표하고, 그 투표율에 비례해서 의석을 얻는 제도이다. 그리고 여기서 +a는 꼭 598명으로 맞춰지지 않는다는 뜻이다.

독일의 선거제도를 일컬을 때 정당명부식 비례대표제에 '독일식'

을 붙이는 이유는 소선거구제와 정당명부식 비례대표제를 혼합해 1인 2표를 행사하되 전체 의석은 정당에 투표한 비례대표제의 비율대로 배분하는 제도이기 때문이다. 독일의 단순다수대표제(소선거구제)인 제1투표는 우리나라의 지역구 국회의원 선출 방식과 같다. 제2투표는 우리나라의 비례대표 국회의원처럼 정당에 투표를 하여 정당득표율에 따라 의석을 배분한다.

우리나라 역시 소선거구제와 비례대표제의 혼합형이지만 그 특성은 다르다. 한국은 지역구 국회의원과 비례대표 국회의원이 각각 254명과 46명으로 총 300명이라는 정원이 정해져 있고, 비례대표 득표율에 따라 의석을 정할 때 비례대표 의석수인 46석 한도 내에서만 계산해 배분한다. 독일은 총 의석수 배분이 비례대표 득표율에 맞게 배분된다.

예를 들어 설명해본다. 제1투표 의석수가 20명, 제2투표 의석수가 20명을 기본으로 한다고 하자. A와 B 두 정당만 있다고 할 때, 제1투표에서 A정당은 18명을, B정당은 2명을 당선시켰고 제2투표인 정당투표에서는 A정당은 40%의 득표율, B정당은 60%의 득표율을 얻었다고 하자. 이때 우리나라의 국회의원 선거제도라면 A정당은 지역구 18석에 비례대표 20명 중 40%을 얻어 8석을 추가로 확보해 총 26석을 얻게 된다. 반면 B정당은 지역구 2석에 비례대표 12석을 얻어 14석을 얻게 된다.

반면 독일식 정당명부 비례대표제의 경우에는 A정당은 비례대표에 득표율에 의해 총 40석 중 40%인 16석을 얻어야 하고, B정당은 40석 중 60%인 24석을 얻는 것이 원칙이다. 그런데 이미 A정당은 제1투표에서 18명을 당선시켰기 때문에 의석을 줄일 수가 없다. 그래서 이 경우 A정당은 18석(2석 초과), B정당은 24석(비례에 의한 당선자만 22석)으로 총 42석이 된다. +a가 2석 생긴 것이다.

한국과 같은 국회의원 선출 제도를 병렬식 혼합제도라고 한다. 한국의 선거제도를 이야기할 때 가장 문제가 되는 것은 '불비례성'이다. 불비례성이란, 국민들이 해당 정당에 대해 지지를 보낸 비율과 정당의 의석수가 비례하지 않는 것을 뜻한다. 앞의 우리나라 예시에서 A정당은 정당투표에서 40%를 득표했으므로 그에 해당하는 만큼인 16석만 가져가야 하지만 실제로는 26석을 얻었다. 국민은 40%의 지지만 보냈는데 실제 의석은 65%를 얻은 것이다. 반면 B정당을 지지한 국민들 입장에서 보면 60%의 의석을 얻어야 함에도 불구하고, 14석으로 불과 35%의 의석을 확보했다. 국민이 지지한 60% 중 25%는 죽은 표가 되었다. 국민의 의사에 반하는 불비례성이 발생한 것이다.

반면 독일식 정당명부 비례대표제 하에서는 A정당이 실제로 확보한 의석 비율은 초과 의석이 발생해서 45%가 되었다. 비례대표 득표율 40%와 큰 차이가 없는 것이다. 독일은 초과 의석이 발생하면 보정의석제도를 통해 득표율에 가깝게 보정해 최대한 불비례성을 낮추고 있다.

또한 독일은 이 득표 계산이 독일 전체로 진행되는 것이 아니라 각 주별로 진행된다. 의석수는 독일 전체 득표율이 아니라 각 주별로 해당 주의 득표율에 맞춰진다. 연방국가다운 선거제도다. 때문에 '독일식 권역별 정당명부 비례대표제'라는 긴 이름으로 칭한다.

이런 이유로 많은 국내 전문가들은 비례의원 수를 확대하고 권역별 연동제인 독일식 제도로 개선하자고 주장하고 있다. 2018년 대한민국 국회가 발표한 불비례성 지수를 보면, 독일이 0.06%(2017년 총선 기준)로 가장 낮고 이어 뉴질랜드 순으로 나타났다. 우리나라는 2016년 총선 기준 16.99%로 독일의 200배가 넘는다. 비례성이 높은 선거제도는 특정 정당이나 세력이 과대 대표되는 것을 막아준다. 이를 통해 민주주의와 정당이 제 기능을 수행하기 때문에 사회적 갈등이 적고 높은 문제해결 능력을 보이고 있다.

또한 독일은 국정의 중심에 총리가 있다. 총리민주주의다. 의원과 장관을 겸직하는 형태의 의원내각제이기 때문에 정당의 위상과 영향력이 높을 수밖에 없다. 정당 성향도 반영되지만 인물 투표 성격이 강한 한국의 대통령제와는 큰 차이를 보이고 있다.

○ 국민 행복도를 높이는 정치

2018년 UN 산하 자문기구인 지속가능발전해법네트워크SDSN가 전 세계 156개국을 대상으로 국민 행복도를 조사해 발표한 결과를 보면 한국은 57위, 독일은 15위를 차지했다. 10위 이내 상위권은 대체로 북유럽 국가들이다. 독일이 강하고 행복한 나라를 만든 데 비해 한국인의 국민 행복도가 낮은 이유는 무엇일까.

독일에서의 체험을 통해 나는 그것이 정당 문화의 차이에서 기인한다는 점을 깨달았다. 대한민국 국민은 정당에 대한 신뢰가 아주 낮다. 반면에 독일 등 선진국은 정당뿐 아니라 정치인에 대한 신뢰가 높다. 왜 이 같은 차이가 발생하는 것일까.

전문가들은 여러 원인을 제시하고 있다. 먼저 우리는 유럽과 같이 오랫동안 당과 역사를 함께한 '진성당원'이 많지 않다. 때문에 정당이 제대로 작동하지 않는다. 반면 독일은 개인이 자발적으로 정당에 가입해 꼬박꼬박 당비를 내고 권리를 행사하며 책임지는 문화가 형성되었다.

둘째, 독일 정당들은 제왕적 1인에 의존해서 작동하는 것이 아니라 풀뿌리 민주주의, 즉 지역의 정당으로부터 상향식 민주주의가 제대로 구현되고 있다. 국회의원 50%를 권역별 연동비례대표제로 뽑고 있는 게 그 예다.

셋째, 독일의 정당들은 정당 스스로 리더를 키워가는 시스템을 만들었다. '외부 수혈'이니 '젊은 피 수혈'이니 하는 용어가 없다. "한국 정당 정치의 가장 큰 문제점은 스스로 인재를 양성하지 않는 구조와 문화에 있다"고 전문가들은 말한다. 한국의 정당은 선거 때마다 외부 영입에 열을 올린다. '손님' 정당의 모습이다. 정당에서 정치 리더를 키우지 않고, 선거 때마다 인재를 영입해서 결국 손님이 정당을 이끌 어가는 구조인 셈이다.

넷째, 독일은 다양한 정파적 스펙트럼을 포괄하는 다당제가 뿌리를 내렸다.[12] 독일 국회에 기민당/기사당, 사민당, 자민당, 녹색당, 좌파당, 그리고 대안당 등 7개 정당이 활동하고 있다. 이들 스펙트럼은 극우에서 극좌까지 다양하다.

독일 정당 발전사를 살펴보면, 먼저 1949년 건국 이후부터 80년 대까지는 양대 국민정당인 기민당과 사민당이 있고, 소수당 자민당의 체제였다. 이들이 소연정과 대연정을 하면서 의회와 정부를 이끌 어갔다. 하지만 70~80년대 여성운동, 환경운동, 반전반핵 평화운동, 풀뿌리운동 등 거대한 신사회운동의 결과로 독일 녹색당이 창당되었고, 유럽 전역에 퍼져갔다. 다시 1990년 독일 통일 이후 동독의 공산당이 좌파당으로 변신했고, 여기에 사민당을 탈당한 좌파 세력이 합

12___ 2017년 총선에서 기민·기사 연합 33.0%(기민당 26.8%, 기사당 6.2%), 사민당 20.5%, 대안당 12.6%, 자민당 10.7%, 좌파당 9.2%, 녹색당 8.9%를 기록했다. 정당득표율에 따른 의석수는 총 709석 중 기민·기사 연합 246석(기민당 200석, 기사당 46석), 사민당 153석, 대안당 94석, 자민당 80석, 좌파당 69석, 녹색당 67석을 획득했다.

류했다. 또한 서독의 녹색당과 구동독의 민주화 운동 연맹들이 합쳐서 동맹90/녹색당이 창당되었다.

2017년 총선에서 난민 문제, 빈부 격차 등에 포퓰리즘을 내세운 극우 세력 대안당이 처음으로 연방의회에 입성했다. 이제 독일 정당들은 과거 단순한 좌우의 대결이 아닌 민족주의, 세계화 등 다양한 스펙트럼의 전선을 갖게 되었다. 그만큼 독일 및 유럽 사회가 다양하고 복잡해지고 있다는 점을 보여준다.

ㅇ 풀뿌리 당원 정당

나는 독일에서 한국의 정당을 어떻게 개혁해 독일 같은 선진국 수준으로 격상하고 대한민국의 문제들을 풀어갈 수 있는지 고민했다. 그 해법을 찾기 위해 두 나라 정당의 차이점부터 살펴보았다. 한국과 독일 정당과의 가장 큰 차이점은 독일은 풀뿌리 민주주의가 잘 작동하고 있고, 한국은 아직 제왕적 대통령제에 기반을 둔 '톱 다운' 정당 문화가 자리 잡고 있다는 사실이다.

2013년 총선을 앞두고 독일에서는 당 지도부와 메르켈 총리 등이 총 출동하는 당 대회가 열렸다. 우리로 치면 전당대회이니 엄청난 인파가 몰릴 것이라 기대하고 현장에 가보았지만 현장에는 수백 명만 참석했다. 수천 수만 명씩 체육관에 모아놓고 전당대회를 치르는 우리 정당 문화를 비춰보면 초라한 모습이었다.

독일의 당원들은 당에 대한 애정이 없는 것일까? 전혀 그렇지 않다. 당 대회라는 이벤트에 사람이 모이지 않는 것은 평소 당원들이 각 정당의 정책과 방향을 이미 충분히 숙지하고 있고, 풀뿌리 정당구조를 통해 일상적으로 정당 활동에 참여하고 있기 때문이었다. 정당의 주요 정책 홍보와 토론 방송이 우리처럼 밤늦은 시각에 편성되는 것이 아니라 저녁 황금시간대에 편성되어 누구나 쉽게 접할 수 있기 때문이기도 했다.

그럼 독일의 풀뿌리 민주주의 정당 구조는 어떻게 형성되었고 어떤 방식으로 작동하고 있는가.

먼저 매달 당비를 내고 당의 활동에 참여하는 진성당원의 수가 엄청나다. 사민당 46만 명, 기민당 42만 명, 자민당 6만 3,000명, 녹색당 6만 5,000명, 좌파당 6만 2,000명, 그리고 극우당인 대안당이 2만 8,000명이다.

우리나라는 진성당원이 독일에 비해 취약한 편이다. 내가 속한 더불어민주당은 당비를 내는 권리당원의 숫자가 최근 85만 명에 육박했다. 박근혜 전 대통령 탄핵에 이은 역사적인 정권교체와 대통령 리더십, 지방선거 대비를 위한 당원배가운동 등으로 권리당원이 급격히 늘어난 것이다. 하지만 대선 직후인 2017년 5월에만 해도 이 숫자는 24만여 명에 불과했다.

이렇게 권리당원이 지속적으로 늘기는 했지만 선거를 겪을 때마다 권리당원이 일시 늘었다가 선거가 지나면 줄어드는 일은 반복되고 있다. 반면 독일의 당원들은 수십 년 동안 꾸준히 당비를 납부하며 높은 당 충성도를 보이고 정당 활동에 참여하는 진성당원이 대부분이다.

정당민주주의가 제대로 작동하기 위해서는 재원도 중요하다. 독일 정당 재원의 5대 요소는 당비, 특별회비, 기부금, 사업 및 재산수입, 그리고 국고 지원이다. 지난 2017년 독일 정당에 대한 국고 지원은 1억 5,920만 유로(약 2,050억 원)였다. 이를 정당 의석 비율로 배당한다. 한국의 경우 선거가 있는 해와 없는 해의 편차가 큰데 19대 대선이 있었던 2017년 정당에 대한 국고 지원은 총 842억 8,500만 원 정도였고, 이를 정당 의석수를 기준으로 배분한다. 다만 선거가 없는 해에는 정당에 대한 국고 지원이 이 금액의 절반 수준이다.

독일 정당의 재정 비율은 진성당원의 당비가 1/3을 차지한다. 그 다음으로 정당에 대한 기부금이 전체 당 재정의 15%를 차지하고 있다. 개인과 법인 모두 정당에 기부금을 낼 수 있으나 제한이 있다. 독일 정당 재정에서 가장 많은 부분을 차지하는 것은 국고 재정지원이다. 연방의회나 유럽 의회선거에서 0.5% 이상 득표하거나 주 의회 선거에서 1.0% 득표한 정당에는 국고보조금이 지급된다. 2017년 기준 법으로 정하고 있는 국고보조금의 전체 상한 금액은 1억 6,180만 유로에 이른다.

○ 국가의 재정 지원은 민주주의의 보루

독일에서 중요한 것은 국가 재정지원 원칙이다. 국고 지원은 선거
공영제의 의미를 갖는다. 또한 정당은 공영조직의 성격으로 국가를
위해 일하기 때문에 세금을 받아도 무방하다는 철학에 기초한 것이
기도 하다. 그냥 국민 세금을 쓰는 것이 아니다. 시장경제에서 노동
에 대한 급여처럼 유권자들의 민주주의 투표 활동에 지원한다. 유권
자 투표 활동 인원에 대한 지원에는 차등이 있다. 현재 법으로 투표
한 1인 유권자에 대해 0.83유로의 국고를 지원한다. 한 정당이 400만
명 이상 유권자를 확보할 경우 보너스를 주는 방식으로 개인당 1유
로를 지원하다. 또한 당비를 납부하는 당원에 대해서도 매칭 제도를
도입했다. 정당의 활성화를 위해 한 명의 당원이 당비를 납부할 경우
매달 0.45유로의 국고를 지원하고 있다.

	기본	추가	2017년 지급액
독일	투표한 1인당 0.83유로	- 400만 이상 득표 시 득표 1인당 1유로 - 당원 1인당 매월 0.45유로 보조	1억 5,920만 유로
한국	유권자 1인당 1,001원 (약 0.77유로)	- 기본(경상보조금)만큼 선거가 있는 해에 추가 지급 - 지방선거의 경우 여성 및 장애인 공천시 보조	843억 원 (약 6,500만 유로)

한국의 연간 국고 지원은 경상보조금과 선거보조금 등으로 이뤄지는데 경상보조금 총액은 최근 실시한 국회의원 총 선거의 선거권자 총 수에 보조금 단가를 곱하여 산출하고 이를 각 분기별로 네 차례 나눠서 지급한다. 선거가 있는 해에는 이 경상보조금 총액만큼 선거보조금을 추가로 지급하는데, 국회의원 선거 및 동시지방선거의 경우 여성 추천 보조금과 장애인 추천 보조금을 추가로 또 지급한다. 때문에 선거가 있는 해는 국고보조금이 선거가 없는 해의 두 배 이상 지급된다.[13]

정당 기부의 경우 독일은 개인이 3,300유로까지 기부 가능하고, 조세 혜택을 받을 수 있다. 공기업은 정당 기부를 할 수 없고, 사기업의 경우 가능은 하나 조세 혜택이 없다. 기업의 지원 금액은 한도가 없지만 투명성 원칙을 두고 있다. 1만 유로 이상 기부할 경우 공시해야 한다는 의무 조항이 있다.

한국은 공직선거 후보 일부나 국회의원에 대한 후원만 가능했고, 당비 외에 정당에 대해 기부를 할 수 없었지만 2017년 6월 정치자금법이 개정되면서 2006년 폐지되었던 정당 후원회가 부활해 기부가

13___ 19대 대선이 있었던 2017년은 경상보조금 421억 4,000여만 원과 같은 금액의 선거보조금을 지급해 약 843억 원의 국고보조금을 지급하였다. 지방선거가 있는 2018년에는 경상보조금 총액 425억 6,000여만 원과 경상보조금 총액과 같은 금액의 선거보조금, 27억 3,000여만 원의 여성추천 보조금, 5억 4,000여만 원의 장애인 보조금을 추가로 지급해 총 884억 원 정도가 지급될 예정이다.

가능해졌다. 정당은 연간 50억 원까지 모금할 수 있고, 개인은 500만 원까지 기부가 가능하며, 세액공제 등의 혜택을 받을 수 있다. 독일과 달리 법인이나 단체, 당원이 될 수 없는 교사 및 공무원 등은 기부할 수 없다.

　독일과 대한민국 정당 시스템의 차이점 또 하나는 싱크탱크인 정치재단의 운영 형태에서 찾을 수 있다. 독일은 싱크탱크의 역할이 중요하고 매우 적극적이다. 한국의 정당 소속 연구소는 대표 중심으로 운영되며 활동이 제한적이다. 독일은 선거 결과에 기초해 정당 싱크탱크에 해마다 국고 4억 6,000만 유로를 정당별로 차등 지원하고 있다. 싱크탱크의 정부 지원이 없는 우리나라와 크게 비교되는 차이점이다.

　독일 정당의 싱크탱크는 연방정부, 지역, 해외 등에 재단 사무소를 두고 운용하고 있다. 독일 기민당과 사민당의 경우 해외 100여 곳에 정치재단 사무소를 두고 있다. 그만큼 글로벌 시대에 부응하고 앞서가기 위해 노력하고 있다. 반면 한국 정당의 정책연구소 역할은 선거 지원이 주를 이룬다. 독일에 비하면 규모도 역할도 턱없이 부족하다. 대신 수많은 공무원이 해외에 나가고 있다. 많은 대한민국 정치인들이 "관료에 포획됐다"고 자조 섞어 한탄할 정도다. 심지어 지역구 예산을 받기 위해서는 기획재정부 공무원 부인의 생일까지 챙겨야 한다는 우스갯소리가 나온다.

한국 정당과 독일 정당과의 또 다른 차이는 일자리 창출에 있다. 독일 정당들은 수많은 일자리를 만들고 있다. 유럽의회 및 기관, 연방정부와 수많은 지방정부뿐만 아니라 연방의원, 상원의원, 지방의원, 자치의원, 싱크탱크, 하부 조직에 상근, 파트타임으로 일하고 있다. 그 수가 수만 명에 이를 정도다. 거대한 기업 경영 같은 정당이 운영되고 있는 것이다.

○ **일자리도 인재도 몰리는 독일의 정당**

독일 정당의 주요 역할은 크게 다섯 가지로 정리할 수 있다. 먼저 유럽의회, 연방 및 주 선거를 치르는 일이다. 또한 선거에서 승리하기 위한 공약과 정책을 개발한다. 여러 선거를 위해 당내 경선을 치르는 과정을 맡아서 운영한다. 나아가 당원 및 비당원들에 대한 연수와 교육, 당의 비전과 프로그램을 수립해서 운용한다. 시민 및 언론 홍보에도 열중한다. 특히 지역 및 주요 도시 당 운영에 큰 관심과 노력을 기울이고 있다. 풀뿌리 민주주의가 중요하기 때문이다.

독일 사민당 당원 구성을 보면 노령화로 44%가 60세 이상이다. 남자가 69%다. 인구사회학적인 구성을 보면 34% 연금수령자, 23% 공무원, 15% 종업원, 8% 노동자, 5% 실업자, 5% 주부, 4% 자영업, 2% 프리랜서, 2% 학생 그리고 2% 무직이다.

2016년 사민당의 재원은 1억 5,677만 유로(약 2,038억 원)다. 당비와 국고 지원이 각각 30% 이상으로 핵심 재원이다. 구체적으로 보면 다음 도표와 같다.

항목	독일 사민당(SPD) 2016년 기준	
	금액 (유로-원 환율 1,300원/유로 기준)	비율
당비	4,925만 7,996유로 (약 640억 원)	31.42%
특별당비	2,561만 4,171유로 (약 333억 원)	16.34%
개인 기부금	899만 3,703유로 (약 117억 원)	5.74%
법인 기부금	210만 3,306유로 (약 27억 원)	1.34%
투자 수입	218만 4,003유로 (약 28억 원)	1.39%
자산 수입	658만 221유로 (약 86억 원)	4.20%
행사 및 인쇄물, 경영 수입	1,083만 3,790유로 (약 141억 원)	6.91%
국고 지원	5,078만 5,067유로 (약 660억 원)	32.39%
기타 수입	41만 6,303유로 (약 5억 원)	0.27%
합계	1억 5,676만 8,564유로 (약 2,038억 원)	100%

정당에 기부하는 기업은 2만 유로 정도를 기부하는 경우가 30~40%다. 5만 유로 이상을 기부한 기업과 협회로는 벤츠(137만 1,143유로), BMW(65만 7,522유로), 알리안츠(63만 8,393 유로) 포르쉐(36만 5,820유로), 독일화학산업협회(30만 2,115 유로), 도이치방크(30만 유로) 등이 있다.

사민당은 직접 사업을 경영하고 있다. 대표적인 것이 미디어 산업이다. 프랑크푸르터 룬트샤우Frankfurter Rundschau 신문과 출판사 등을 경영한다. 두몽 샤우베르크DuMont Schauberg와 외코테스트 홀딩Öko-Test Holding 등 출판사 지분도 갖고 있다.

반면 한국은 매년 정당의 총 예산이 바뀌고, 재정 수입의 구조도 취약하다. 다음 표에서 보는 것처럼 국회의원 선거가 있었던 2016년 더불어민주당의 총 수입은 646억 원 정도였고, 선거가 없었던 2015년 총 수입은 절반에도 못 미치는 267억 원 정도였다.

항목	더불어민주당 2016년 기준 (전년도 이월액 제외)		더불어민주당 2015년 기준 (전년도 이월액 제외)	
	금액 (백만 원)	비율	금액 (백만 원)	비율
당비	11,793	18.25%	6,125	22.92%
기탁금	2,482	3.84%	1,999	7.48%
보조금	29,225	45.22%	17,747	66.40%
차입금	15,000	23.21%	0	0%
기타 수입	6,126	9.48%	857	3.21%
합계	64,626	100%	26,728	100%

당비의 비중은 20% 수준이거나 그 미만이다. 당비 역시 선거가 없는 해에는 당비납부 당원 수도 적고 당비도 크게 줄어든다. 그만큼 선거를 위해 일시적으로 동원된 당원이 많으며, 평소 정당 활동에 적극 참여하는 진성당원이 적다는 의미이다. 선거가 없는 해에는 60%가 넘는 수입을 국고보조금에 온전히 의존하고 선거가 있는 해에는 국고보조금으로도 모자라 차입금이 당비 전체 수입을 넘어설 만큼 많아진다.

사민당 등 독일 정당들은 당원의 목소리를 정책에 최대한 반영하고, 수많은 일자리를 만들어서 이들이 제대로 활동할 수 있는 시스템과 구조를 만들었다. 또한 정치 리더를 키우고, 더불어 사는 구조를 만든 것이다. 이를 통해 '지역사회에서 신뢰받는 정당', '인재가 넘치는 정당', '정책중심의 정당' 문화를 만들어갔다. 독일은 군인도, 학자도, 관료도 아닌 정당이 나라의 중심을 잡고 있다.

독일 연방의회 의사당 앞에서

독일이 강하고 행복한 나라를 만든 데 비해 한국인의 국
민 행복도가 낮은 이유는 무엇일까. 독일에서의 체험을
통해 나는 그것이 정당 문화의 차이에서 기인한다는 점
을 깨달았다. 대한민국 국민은 정당에 대한 신뢰가 아주
낮다. 반면에 독일 등 선진국은 정당뿐 아니라 정치인에
대한 신뢰가 높다. 왜 이 같은 차이가 발생하는 것일까.

한국의 새로운 정당 경영,
무엇을 어떻게 해야 할까

○ 정당 경영 혁신과 공부하는 문화

2013년 구동독의 유명 도시 중 하나인 라이프치히에서 독일 사회민주당 150주년 기념행사가 열렸다. 한국에선 민주당이 공식 초청 대상이었고, 당시 문희상 당대표 대행이 초청을 받았다. 하지만 그는 "독일에 체류 중인 손학규 전 대표와 김두관 전 지사라면 충분히 당을 대표할 자격이 있는 분들이니 나 대신 당을 대표해 참석해달라"고 요청했다.

나는 손 전 대표와 함께 행사에 참석했다. 인생 처음으로 세계 민주진보진영 정치인들을 만났고, 친구들을 사귀었다. 슈뢰더 독일 전 총리를 호텔 로비에서 만나 대화를 나누기도 했다. 또한 정파를 달리하지만 독일의 메르켈 총리, 프랑스의 올랑드 대통령 등을 비롯해 유럽의 많은 정상들이 참여해 축하했다. 가브리엘 독일 사민당 당수 등 주요 인사들과 공식행사, 환영회 등에 함께 자리했다.

당시 내가 인상 깊게 느꼈던 두 가지 정치 문화가 있다. 먼저 유럽은 나라와 당을 초월해 축하할 수 있는 여유로운 대륙이었다는 점이다. 다른 하나는 정치 리더가 국제적이어야 한다는 점이다. 나는 이를 통해 '스마트'와 '인터내셔널'이라는 정치 키워드를 새기게 되었다. 또한 그곳에서 나는 150년 된 사민당 역사와 정당 문화의 깊이를 느낄 수 있었다. 사민당은 세계사 흐름을 주도하면서 새로운 역사를 창조했다. 바이마르 공화국의 에르하르트 대통령은 사민당 출신으로 독일 민주주의를 도입했고, 빌리 브란트 총리는 동방정책으로 동서 데탕트를 통해 독일과 유럽 통합의 기초를 쌓았다.

그렇다면 한국 정당, 즉 민주당이 독일 사민당 같은 수준으로 발전하기 위해서는 무엇을, 어떻게 해야 할까.

내가 독일에서 공부하고 정치인들과 논의를 통해 잡은 민주당의 개혁 방향은 크게 세 가지로 정리할 수 있다. 먼저 '새로운 정당 경영' 창조다. 엄밀한 의미에서 '정당 경영'은 한국에 아직 존재하지 않는다. 네이버에 '정당 경영'이라는 키워드를 넣어보면 검색이 안 될 만큼 우리에게 낯선 용어다. 지금껏 수많은 한국 정당이 1인에 의존한 '붕당정치'를 해왔기 때문이다. YS당, DJ당, JP당이라는 용어가 그 같은 정치 풍토의 산물이다.

새로운 정당 경영이란 정당의 목표와 비전이 정당의 주인인 당원과 정치인들에게 삶의 버팀목이 되어주는 정당을 만드는 것이다. 정당원들이 스스로 당비를 납부하고, 집에 당기를 걸고, 자동차에 당스티커를 붙일 수 있는 자랑스러운 정당이 되는 것이다. 정당원들 간 진정한 동지애를 느끼는 정당이다. 당의 자산인 낙선 전 의원들을 '특권대사' 혹은 '특사' 등으로 활용하는 책임 정당을 말한다.

둘째, 각종 선거에서 정당이 중심이 되는 시스템 정착이다. 사조직이나 계보에 의존해 대통령 선거, 지방자치 선거, 국회의원 선거를 치르면 패거리 정치가 횡행할 수밖에 없다. 나는 대한민국 최초로 이를 과감하게 개혁하겠다는 목표를 가지고 있다.

셋째, 정당이 '로컬'로 풀뿌리를 내리고 '글로벌'로 활동하는 구조를 만들어야 한다. 해외 정당들과 적극 교류하고, 정당의 싱크탱크가 해외에도 상주하면서 글로벌 트렌트와 이슈를 파악해 선도적으로 문제해결 능력을 보이는 정당을 만드는 것이다. 공부하지 않고 유능하지 않은 정당은 도태될 수 있다. 그것이 역사의 교훈이다.

사민당, 기민당 등 독일의 정당들은 이미 이 같은 정당 문화를 정착시켰고, 따라서 국민과 정당원으로부터 신뢰받고 존경받는 정당 문화를 형성했다. 이제 우리도 이런 신뢰와 존경을 받는 정당 문화를 만들어야 한다.

○ 지역의 변화를 주도하고 인재를 키우는 정당

나는 지금까지 당 대표 선거에 세 번 도전했다. 2004년의 첫 도전은 예비경선 탈락으로 끝났고, 2005년 두 번째 도전은 5위로 실패했지만, 2006년에는 3위로 최고위원에 당선되었다. 국회의원 배지도 세력도 없었지만 당당하게 3위로 당 지도부에 입성했다. 우리나라 정당에서 국회의원이 아닌 이가 당 지도부에 선출되는 것은 극히 이례적인 일이다. 국회 원내를 중심으로 권력이 집중된 중앙집권적 구조이고, 지역에서는 인재를 키우지 못하기 때문이다.

당 대표 선거에 도전하면서 나는 독일처럼 분권화된 정당, 아래로부터 당이 인재를 키우는 유능한 정당, 지역 민생 속에서 주민과 함께 호흡하는 정당 등을 주창했다. 대부분 당대표 후보들도 개혁을 외쳤지만 그들은 모두 중앙집권적 철학을 가지고 있었다.

더불어민주당은 끊임없는 혁신을 통해 당원에게, 국민에게 권력을 돌려준다는 목표로 노력해왔지만 아직 미완 상태다. 여전히 공천권을 중앙당이 행사하고 있으며, 예산과 인력 역시 중앙당에 집중되어 있다. 지방선거에서 기초광역의회와 기초지방정부의 장 후보 공천은 시·도당에서 1차적인 심사를 하고 당원과 국민이 참여하는 경선을 실시하도록 했지만 시·도당의 공천 심사가 중앙당에 의해 뒤바뀌는 경우도 허다하다.

상대적으로 풀뿌리 지방자치를 실현하며 지역주민과 소통하는 지역위원회와 당 소속 기초자치정부의 장, 기초·광역의원은 소외당한다. 공천시기가 되면 지역 인재를 키우지 못해 전략공천을 하기 일쑤이고, '줄 세우기' 논란이 끊임없이 일어난다. 정당이 지역에서 인재를 키우지 못하고 지역의 변화를 주도하지 못한다. 때문에 정당에 대한 국민의 신뢰도 낮다.

한국 정당이 인재를 키우지 못해 외부영입에 많은 부분 의존하는 것은 큰 문제다. 끊임없이 혁신이라는 이름 아래 당에서 인재를 키우는 것이 아니라 '젊은 피 수혈'에 목말라 한다. 그러니 '누구 키즈' 라는 말이 나온다. 이는 독일과 큰 차이점이다.

왜 한국 정당은 정치 리더를 키워내지 못하고 있을까. 뜨내기 정치인 없는 정당 문화와 정치 리더를 키워갈 수 있는 방안은 무엇인가.

독일에서 그 지혜를 찾을 수 있다. 먼저 정책중심의 정당으로 인재를 키우고 지역사회의 변화에 정당이 기여할 수 있는 구조를 만들어야 한다. 독일 정당은 정치재단을 통해 강력한 정책중심 정당으로 거듭났다. 독일의 싱크탱크인 정치재단들은 엄청난 재원과 인력을 투입한다. 각 정당과 연계하고 협력하지만 완전히 독립적인 재정과 인사권을 지닌다. 각 정당의 기조에 맞게 장기적인 관점에서 정책을 개발하지만, 다양한 시각 역시 확보하고 있다. 이러한 독일의 정치재단들은 정책연구와 개발 역할도 하지만 무엇보다 가장 중요한 핵심 역할은 교육이다. 정치 교육과 상담을 통해 지역사회의 역량과 정치 참여 수준을 높이고 인재를 육성한다.

반면 한국 정당의 정책 연구소는 선거지원과 정당 사무에 대한 보조적 역할을 수행하는 데 그치며, 연구소는 별도 법인이지만 그 활동, 인사권과 재정은 온전히 정당에 예속된다. 정책을 개발하더라도 단기적·미시적 개발에 그친다. 정당 정책연구소 중 가장 명성이 높은 여의도연구원은 과거 정책이 아니라 여론조사로 명성을 얻었다. 정책연구소 활동 실적 중 교육을 위한 비중은 1~2%에 불과하다. 인재를 키우고 있지 못하다는 이야기다.

독일의 정치재단들이 장기적인 정책 연구개발과 교육, 사회화를 위한 활동을 할 수 있었던 것은 앞서 말했듯 독립적인 국고 지원 덕분이다. 독일 사민당과 협력하는 프리드리히 에버트 재단은 전 세계 100개가 넘는 해외 지사와 독일 내 지역에서 670명이 넘는 직원이 활동한다. 3,300개의 교육 관련 행사를 개최하고, 독일과 국제 노동운동에 관한 가장 큰 도서관도 운영한다. 장학제도를 통해 3,000여 명의 학생들을 지원하며 사회민주주의를 전파한다.

이런 활동을 뒷받침해주는 1억 7,660만 유로의 예산 중 95% 이상을 국고보조금으로 충당한다. 각 정당과 협력하는 정치재단 전체로 보면 약 5억 유로에 달하는 국고 예산을 지원하는데, 이는 정당에 대한 국고보조금보다 3배 이상 많은 액수이다. 국고 지원은 일정액을 일괄 지급하는 것이 아니라 이 중 60% 이상은 프로젝트에 기초하여 지원을 받는다.

	독일 사민당 프리드리히 에버트 재단 (2017년 기준)	한국 더불어민주당 민주연구원 (2017년 기준)
설립	1925년(독일에서 가장 오래된 정치재단)	2008년(이전에는 국가전략연구소, 열린정책연구소, 한반도전략연구원 등으로 나뉘어 존재)
조직	본과 베를린 본부, 15개 지부, 3개의 아카데미와 박물관, 전 세계 109개 외국지사 672명 근무	단일 연구원 체제, 75명 근무 (박사급 22명, 석사급 15명, 기타 38명)
예산 규모	1억 7,660만 유로 (약 2,300억 원)	약 53억 원 (전년도 이월금 제외)
국고 지원 방식	60% 이상이 프로젝트 지원 방식	정당 국고 지원금의 30% 지원 의무
주요 활동	정치 교육 및 상담 컨설팅 정책 연구개발 국제협력 지원 장학지원 사업	정책 연구개발 토론회 및 세미나 활동 정당의 선거 지원 교육 및 연수

　반면 한국의 정책연구소 예산 규모는 50억 원 정도에 불과하고 인력도 1/10 수준이다. 정책개발을 위한 전문성도 부족하고 예산이 정당 국고 지원과 연계되어 정당에 예속되는 구조이다.

　풀뿌리 정당민주주의와 정책중심 정당을 위해서는 정책연구소에 대한 국고 지원을 대폭 늘리고 각 지역에서 정책연구소 지부, 지역 정당연구원 등을 설립해 지역사회 시민 교육과 인재 육성, 정책 개발을 할 수 있어야 한다.

다음으로 지구당제도 부활을 생각해 볼 수 있다. 우리나라 정당에서 지구당은 불법의 온상으로 상징되어 왔다. 지구당 운영을 위한 불법정치자금 수수 등 불법이 심각해지자 결국 지구당제도는 폐지되었다. 하지만 과거에 비해 정치자금은 많이 투명해졌으며, 이를 감시하는 시민들의 역량과 의식도 높아졌다. 중앙선거관리위원회는 이러한 점을 고려해 2016년 이미 시·군·구당을 설치할 수 있는 정당법 개정안을 국회에 제출한 바 있다. 풀뿌리 정당민주주의를 위해서는 정책개발과 교육, 정당 활동의 거점이 될 지구당의 부활도 고려해보아야 한다. 블록체인 기술을 활용하면 지역정당 경영의 투명성을 획기적으로 높일 수도 있다.

이러한 혁신을 통해 지역 역량을 높이고, 정당이 지역사회 변화를 주도해야 한다. 상층의 명망가들이 아니라 각 지역의 풀뿌리 현장에서 커온 사람들이 당에서 제대로 역할을 하는 것이다. 당원이 진정한 정당의 주인으로서 대우받고, 공천권을 행사할 수 있는 분권화된 정당 구조를 만들어나가야 한다.

내가 독일에서 경험한 것은 연방국가와 풀뿌리 민주주의가 '더 많은 민주주의'와 '모두가 행복한 나라'를 만든다는 사실이었다. 정당이 미래 정치 리더의 버팀목이 되어야 군인이나 관료가 정치권력을 장악하는 불상사가 생기지 않는다. 나처럼 이장으로 출발해 아래로부터 성장한 정치인이 더 많이 나와야 한다. 선거민주주의 다음 단계의 '더 많은 민주주의'가 정착하기 위해서다.

○ 권역별 정당명부 비례대표제로

나는 86년 직선제 개헌을 위해 투쟁하다 투옥되었다. 많은 동지들이 "호헌철폐"를 외치며 싸워 6월 항쟁은 승리했다. 87년 직선제 개헌으로 '체육관 선거'가 아니라 대통령을 우리 손으로 뽑는 직접 선거가 가능해졌다. 곳곳에 노태우, 김영삼, 김대중, 김종필 후보 등의 벽보가 붙었다. 그런데 나의 고향 남해에는 평화민주당 후보였던 김대중 후보의 벽보가 뜯겨 나가고 없었다. 침울했다. 시골 경남 남해에서 '호남당'으로 인식되던 평화민주당 김대중 후보는 미움을 받고 있었다. 후보를 싫어할 수는 있지만 벽보를 뜯는 것은 민주주의를 부정하는 행동이었다.

그래서 나는 혼자 김대중 후보 벽보가 뜯겨 나간 곳에 가서 다시 벽보를 하나하나 붙이기 시작했다. 아무리 다시 붙여도 매일 밤 벽보가 뜯겨 나갔다. 붙이고 또 붙였다. 눈물이 났다. 우리 현대사의 질곡을 온몸으로 감내하고 민주주의를 열어온 김대중이라는 인물의 벽보를 호남당이라는 이유로 이렇게 뜯어 없애는 현실이 참담했다. 그렇게 치러진 선거에서 민주진영은 김대중과 김영삼 후보의 분열로 패배했다. 나로서는 지역주의 벽을 통감하는 첫 대선이었다.

한국 현대사에서 바보 노무현 대통령만큼이나 정당 지역주의 벽을 깨부수기 위해 투쟁한 정치인도 없다. 그에게 최대 정치개혁은 지역주의를 없애는 것이었다. 그는 정치 1번지인 서울 종로구에서 국회의원에 당선되고도 다음 선거에는 부산으로 내려가 지역주의에 도전했다.

전국정당을 목표로 하는 열린우리당의 창당도 지역주의 극복의지의 일환이었다. 노무현 대통령은 재임 시절 야당에 대연정을 제안한 적이 있다. 누구도 대연정이 가능할 것이라고 생각하지 않았던 시절이었다. 독일과 같이 대연정은 기본적으로 자신의 권력을 상대에게 크게 나눠줘야 성립된다. 그럼에도 당시 한나라당 박근혜 대표는 노 대통령을 '나쁜 대통령'이라고 비난했다.

당시 노무현 대통령이 통 크게 대연정을 제안했던 것은 지역주의를 넘어서는 선거구제 개편을 위해서였다. 노 대통령은 승부를 띄웠지만 친정인 열린우리당에서조차 외면당했다. 한국 정당 정치는 영호남 지역을 기반으로 한 정당들이 수도권과 충청에서 얼마나 많은 득표를 이뤄내느냐의 싸움으로 지속되어 왔다.

독일에는 많은 지역정당이 있다. 해당 지역에만 연고를 두고 활동하면서 철저하게 해당 지역의 이익을 대변한다. 기민당의 자매정당인 바이에른의 기사당 CSU이 그 예다. 지역정당은 지역 유권자의 요구에 가장 민감하게 반응한다. 지역의 이익을 대변하기 위해 탄생한 정당이 지역의 이득을 대변하지 못하면 외면받기 때문이다.

반면, 한국 지역주의는 지역정당과는 차원이 다르다. 기본적으로 한국의 모든 정당은 중앙당 중심의 전국을 대상으로 하는 정당이다. 그러면서도 강고한 연고주의에 기반하고 있다. 때문에 어차피 해당 지역에서는 지지를 받을 것이라고 생각해서 정당이 지역주민의 요구를 민감하게 받아들이지 않을 가능성이 높다. 지역주의는 지역 일당 독점 구조를 형성해 다른 당의 건강한 견제가 불가능하게 함으로써 오히려 지역 발전을 저해한다. 그리고 거대 양당의 대립에 의해 정책 중심의 대결과 협치보다 프레임과 구호중심의 정치문화를 만든다. 풀뿌리 민주주의와 정당민주주의, 협력의 정치문화가 성숙해질 수 없는 구조다.

독일의 선거제도를 설명할 때도 언급했지만, 한국의 지역구 국회의원을 선출하는 제도인 소선거구제는 거대 정당의 과대 대표 현상을 만든다. 20대 총선 후 호남·영남 지역에서 거대 정당이 과대 대표됐다는 분석이 나온다. 그 지역에서 얻은 정당득표율과 의석수의 불일치 현상이 극심하다는 것이다. 영남 지역에서 새누리당(현 자유한국당)의 비례대표 득표율은 47.1%에 불과했지만, 전체 65석 중 48석을 얻어 73.8%의 의석을 차지했다. 무소속으로 당선되었지만 후에 새누리당으로 복귀한 의원을 합하면 53석으로 81.5%에 달한다. 실제 득표율보다 두 배에 달하는 의석을 확보한 것이다.

반면 국민의당(현 바른미래당과 민주평화당으로 분화)은 18%를 득표했음에도 단 한 석도 얻지 못했다. 당의 지지율보다 실제 의석이 현저하게 과대 혹은 과소 대표되는 것이다. 이는 호남 지역에서도 마찬가지다. 호남 지역에선 국민의당이 46.08%를 득표했다. 하지만 국민의당 의석은 28석 중 23석인 82%을 차지했다. 정의당은 6.85%를 득표해 새누리당 득표율보다 높았음에도 불구하고 호남 지역에서 의석 한 석도 가져가지 못한 반면 새누리당은 두 석을 확보했다.

자유한국당이든 더불어민주당이든 이러한 소선거구제 하에서 기 득권 거대 양당으로 적대적 공존을 사실상 용인해왔다. 우리나라 국 회의원 지역구 선거제도는 소선거구제로 300석 중 254석을 차지한 다. 소선거구제에는 강고한 지역주의가 작용하게 된다. 비례대표 의 석이 46석으로 극히 적은 현 소선거구제 중심의 혼합형 제도로는 불 비례성이 극심해진다. 이러한 구조에서는 고질적 지역주의 극복도, 정당민주주의도, 협력의 정치도 불가능해진다.

이 문제를 해결하고 민의를 그대로 반영하기 위해 나는 오래 전부 터 '권역별 정당명부식 비례대표제' 또는 '독일식 정당명부 비례대표 제' 도입을 주장해왔다. 비례대표 의석 비율을 확대해 정당 의석이 국민의 뜻을 반영하지 못하는 구조를 바꾸자는 것이다. 권역별로 비 례의석 비율이 높아지면 영남에서도 민주당이 많은 의석을 확보할 수 있고, 자유한국당 역시 호남에서 많은 의석을 확보할 수 있다. 말 그대로 지역주의가 약화되는 것이다.

선관위 역시 현행 소선거구와 비례대표 혼합형 선거구제의 등가성 왜곡을 개선하기 위해 20대 총선을 앞두고 '전국 6개 권역별 연동형 비례제'를 제안했다. 지역구 의원을 당시 246명에서 200명으로 줄 이고, 비례대표는 54명에서 100명으로 늘리는 것이 골자였다. 당시 선거구제 협상 과정에서 새정치민주연합(현 더불어민주당)과 정의당은 연동형비례제에 찬성했지만, 과반 의석을 가진 새누리당(현 자유한국당)의 반대로 도입이 무산됐다. 심지어 여야는 선관위 제안에 역행하는 협상 결과를 내놓았다. 현행 소선거구와 비례대표 혼합형 제도를 그대로 유지한 채 지역구 의원을 253명으로 늘리고 비례대표는 47명으로 줄인 것이다.

한국의 정당은 지역정당이 아니면서도 강고한 지역주의의 벽 속에서 기형화된 구조로 성장해왔다. 선거를 거듭하면서 지역주의의 벽에 조금씩 균열이 가고 있지만 여전히 영남과 호남을 중심으로 편향된 지지를 보이고 있다. 이는 지역 독점이라는 폐단을 낳았고 더 많은 민주주의가 발전하기 힘든 구조를 만든다. 민의가 제대로 반영되는 독일 같은 권역별 정당명부 비례대표제로의 선거제도 개편을 통해 이러한 특정 정당의 지역 독점을 해소하고 지역사회에서부터 대화와 타협의 문화를 정착시켜나가야 한다.

○ 협치에 한국 정치의 미래가 있다

"경남도청 내에 특정한 이념에 사로잡힌 정치조직을 만들어 그 조직의 요구사항을 펼치려는 도지사는 스스로 꼭두각시 노릇을 하려는 것인지 묻고 싶다."

2010년 내가 경남에서 처음으로 민주진보진영 도지사로 취임한

191

후 보수정당 소속 도의원들은 '저주'에 가까운 비난을 퍼부으며 사사건건 트집을 잡았다. 당시 전체 도의원 59명 중 자유한국당의 전신인 한나라당 소속이 38명으로 64%가 넘는 절대 다수를 차지하고 있었다.

극단적인 여소야대의 형국이었지만 핵심공약 사업들은 결국 추진되었다. 비결은 무상급식, 어르신 틀니 무료 보급, 보호자 없는 병원 사업, 시·군 균형발전을 위한 모자이크프로젝트 등 도민 또는 시·군이 체감하고 원하는 정책들을 내세웠던 것, 그리고 부단한 협력과 설득을 해나간 덕분이었다. 민주진보진영 정당과 시민사회를 모아 공동지방정부를 구성해 아군을 키웠고, 적군이 많은 도의회는 공무원들에게도 도의회 우선 존중을 지시하는 한편 광역지방정부의 장으로는 유일하게 100% 도의회에 출석해 설득했다. 그 결과 보수정당 소속이었던 도의회 의장은 "김두관은 말이 통하는 사람"으로 평가했다.

20대 국회가 거대 양당 구도를 벗어나 3당 교섭단체 체제로 출발하면서 협치가 화두가 되었다. 하지만 말로는 협치를 주장하면서 프레임과 구호를 앞세운 채 서로의 양보를 강요하는 정치는 계속되고 있다. 역사적인 남북 및 북미 화해를 두고서도 '위장 평화쇼'라고 비난할 정도다. 우리 정치는 협상 과정에서 수시로 파열음이 생기고 언론은 앞다투어 보도한다. 국민에게 정치인은 매일 싸우는 것처럼 비친다. 국민의 지지와 존경을 받지 못하는 이유다. 이 같은 정쟁 속에서 과연 협치는 가능한가 의심스럽지만 어떻게 해서든 상대를 설득하고 양보하는 협치 문화를 만들어야 한다.

독일은 연정과 협치 문화가 발달한 나라다. 독일은 아데나워 총리부터 지금의 메르켈 총리까지 연정을 하지 않은 적이 단 한 번도 없다. 지방정부에서도 연정은 아주 흔한 일로 현재 바이에른 주를 제외한 모든 주에서 연정을 실시하고 있다. 2013년 독일 유학시절 독일 총선을 직접 경험하면서 인상 깊었던 것은 총선 실시 이후 연정 협상이 너무도 조용히 진행되었다는 점이다. 몇 달이 넘어가도록 협상이 진행되는 동안 언론도 국민도 조용히 기다렸다. 연정 협상이 완료되었을 때는 수백 페이지에 이르는 협상 결과물이 나왔다. 독일은 아주 세세한 부분까지 연정 협상을 함으로써 차후 운영에 있어서 다툼의 소지를 최소화한다. 그리고 협상에 임할 때에는 철저하게 비공개로 진행함으로써 프레임 전쟁을 벗어나 허심탄회하게 대화해서 진정으로 원하는 것을 주고받는다.

독일의 정치가들은 정치를 하면서 항상 '무엇을 할 것인가'가 아니라 '어떤 책임을 다할 것인가'를 고민한다. 일상적인 그들의 언어에도 '책임'이라는 단어가 묻어 나온다. 협상에 임하면 결과물을 만들어내는 것이 책임이라는 것이다. 독일 정치인들이 국민의 신뢰를 받는 이유다.

"합의 정신은 우리의 유전자에 심어져 있는 것이 아닙니다. 합의는 결국 노력의 산물입니다. 비타협은 기본적으로 자신의 정치적 이득

193

만을 얻고자 하는 포퓰리즘에 그 바탕을 두고 있습니다."

작센안할트 주 대표부 전권대사인 미하엘 슈나이더가 나에게 한 말이다. 결국 정쟁을 유도하는 비타협적 자세 자체가 포퓰리즘이라는 비판이다.

우리나라의 현행 대통령제 하에서 연정은 쉽지 않다. 특히 거대 양당의 상호 견제와 주도권 다툼이 끊임없이 이어져온 것을 고려할 때 하루아침에 바뀌기는 쉽지 않을 것이다. 우리 민주당은 먼저 정의당, 민주평화당과 강한 연대를 구축해야 한다. 정책적 성향이 가까운 정당부터 적극적 연대를 펼치자는 것이다. 이후 사회정의와 국민행복을 위해서는 박근혜 대통령 탄핵에 함께한 세력까지 연대하는 방향을 모색해야 한다. 그 첫걸음을 떼기 위해 각 정당의 지도부가 만나 정당 간 협력과 정책중심 정당을 지향하는 공동선언을 할 것을 제안한다. 독일은 각 당 싱크탱크들이 모여 '정치재단의 국가자금조달에 관한 공동성명'을 발표함으로써 정책중심 정당으로 거듭난 바 있다. 이 공동성명은 정치재단의 목표와 역할과 책임, 국고 지원에 관한 내용을 담고 있다.

1988년 김대중, 김영삼, 김종필 3김 총재는 4·26 총선이 끝난 후 전격 회동했다. 이 회동에서 원 구성 문제, 5공화국 비리 문제, 광주사태 진상규명 문제 등 당면 문제뿐 아니라 지역주의 극복, 의회민주주의, 성장과 분배, 통일 등 광범위한 담론을 논의하고 공동성명을 발표했다. 이후 우리 정당사史에서 정계개편을 위한 합의가 아닌 정치적 담론과 목표의 합의는 찾아보기 어려웠다.

끊임없는 정쟁의 굴레를 끊기 위해 각 정당은 한번의 큰 걸음을 내딛어야 한다. 정책연구소의 진정한 변화를 포함하는 정책중심 정당으로 변모하고, 정당의 책임과 역할, 협력과 소통의 정치문화를 위한 합의를 이끌어내 이를 공동성명으로 담아 지켜나갈 필요가 있다. 이러한 공동선언을 기초로 계파와 프레임, 구호 중심의 정당을 정책중심의 정당, 국민과 당원을 위한 정당으로 탈바꿈시켜야 한다. 국민을 위한 협력과 연대의 정치문화를 정착시켜나가야 한다.

긴 세월 동안 적대해왔던 남과 북이 만나 판문점 선언을 발표하고, 북미회담의 위기가 오자 또 다시 격의 없이 만나 물꼬를 텄다. 남과 북이 만날진대 늘 국회에서 부딪히는 정당이 만나서 합의를 만들지 못할 이유는 없다.

말뿐인 민생은 국민이 믿지 않는다. 국회가 국민을 위해 협력하는 모습을 보여야 우리 정치의 미래가 있다.

새로운
미래
- 청년들의 꿈이 이뤄지는 나라

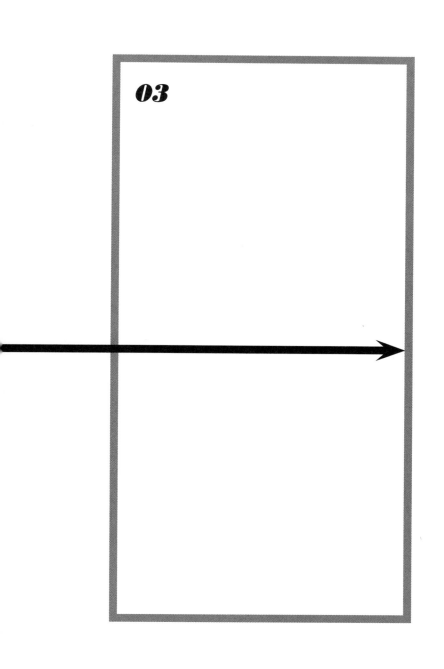

03

'이생망(이번 생은 망했어)' '지옥고(반지하, 옥탑방, 고시원)' '탈조선(헬조선을 탈출한다)' 같은 신조어가 생겨나고, 금수저와 흙수저의 '수저론'과 '헬조선'이란 단어는 이미 오래된 이야기다. 청년들은 이번 생을 포기하고 싶다며 대한민국을 떠나겠다고 이야기한다. 한국에서 희망을 찾지 못하기 때문이다.

대한민국은 사회적 성공을 향한 욕구가 가장 강한 나라다. 부모세대와 자녀세대 간 고등 교육을 이수한 비율의 차이를 비교하면 극명하게 드러난다. OECD 자료에 따르면 우리나라 55~64세 인구 중 고등 교육을 이수한 비율은 20% 남짓이다. 반면 25~34세 인구의 경우 70%로 세계 최고 수준이다. 독일의 경우 55~64세는 26.3%, 25~34세는 30.5%로 불과 4%밖에 차이 나지 않는다.

그런데 최근 이 욕구마저도 급격히 떨어지고 있다. 현대경제연구원의 '계층상승 사다리에 대한 국민인식 설문조사'에 따르면 '개개인이 열심히 노력하더라도 계층상승 가능성이 낮다'고 응답한 비율이 2013년 75.2%에서 2017년 83.4%로 크게 상승했다.

청년들이 꿈을 꿀 수 없는 구조다. 이제 청년들은 하고 싶은 것도 없다고 말한다. 정치권을 당황하게 만들었던 가상통화 규제에 대한 청년층의 반발은 가상통화에 대한 투기가 유일한 희망이었기 때문이라는 분석이 지배적이다.

독일의 청년이라고 해서 쉬운 인생일 리 없지만, 독일 사회는 우리 청년들만큼 각박하고 힘들지 않다. 독일은 저출산으로 인한 인구절벽에 부닥쳤고, 남아도는 일자리를 채우기 위해 해외 인재를 끌어오는 방법을 고민한다. 대학에 꼭 입학하지 않아도 자신의 적성과 재능에 맞는 직업을 선택할 수 있다. 학교 교육은 입시를 향한 도구가 아니라 자신을 발견하는 교육이다. 이런 독일 사회가 부러웠다. 우리 청년들이 다시 꿈을 꾸게 하려면, 그 꿈이 이뤄지게 하려면 대한민국은 어떤 나라로 바뀌어야 할까.

먼저, 원하는 일자리를 가질 수 있는 나라다.

최악의 청년 실업률과 좋은 일자리를 향한 청년들의 고단한 투쟁은 벌써 오래되었다. 이제는 청년들이 원하는 일자리를 가질 수 있어야 한다. 문제는 당장 그만큼 양질의 일자리를 만들어내기 어려운 사회구조다. 정부가 '일자리 중심 경제'를 표방하며 각종 일자리 정책들을 쏟아내고 예산을 쏟아붓지만 효과를 보지 못하고 있다. 취업성공패키지, 청년내일채움공제, 기업에 대한 각종 청년 고용 인센티브를 동원하고 있지만 지난 해 예산은 채 다 쓰이지도 못했다. 그렇다면 어떻게 해야 하는가. 4차 산업혁명을 통해 중소기업을 강소기업으로 육성하고 혁신창업이 이뤄질 수 있도록 해야 한다. 신성장 동력을 만들고 압축성장으로 인해 지체된 산업생태계의 혁신을 이뤄야 한다.

둘째, 일상에서의 민주주의가 확보되는 나라다.

청년들의 꿈이 이뤄지는 나라는 청년들이 직장에서, 가정에서, 그리고 일상에서 "아니오"라고 외칠 수 있는 나라다. 직장민주주의, 일상의 민주주의가 확립된 나라다. 최근 한국 사회를 휩쓴 '미투' 운동은 우리나라에 민주주의가 얼마나 부족한지를 보여준다. 한국 사회는 여전히 연공서열이 중시되는 경직된 조직문화를 갖고 있다. 직장에서의 성폭력과 성희롱, 폭언, 위계에 의한 각종 갑질이 난무한다.

이런 분위기에서 육아휴직이나 여성 경력단절에 대한 배려 등이 이뤄질 리 없다. 가정 내에서의 가부장적 문화와 독박 육아는 여성들이 결혼을 꺼리게 되는 중요한 이유로 작용한다. 사회 전체적으로 이러한 갑질문화를 없애려는 노력이 필요하다. 직장 내에서, 가정에서 문화를 바꿔가기 위한 캠페인도 중요하지만 정부도 인센티브나 규제를 통해 적극적인 역할을 해야 한다. 직장 내 갑질을 겪은 대부분의 피해자가 고용노동부에 상담을 해도 아무런 대응책이 없었다고 느끼게 해서는 안 된다.

셋째, 최소한 기초 주거는 보장되는 나라다.

청년들이 높은 수익과 안정성이 보장되는 직장에 매달리고, 연애·결혼·출산을 포기하는 것은 기본적으로 높은 비용 때문이다. 그리고 이 비용의 압도적인 부분이 주거비다. 아무리 좋은 직장을 구해도 부모의 도움 없이는 내 집 마련은 물론이거니와 전세금 마련도 쉽지 않다. 이런 걱정을 없애주어야 청년들이 마음 놓고 도전하고 행복한 가정을 꾸릴 수 있다. 1인 가구의 증가를 고려해 충분한 임대주택을 공급해야 한다. 장기적으로 부동산에 대한 패러다임을 '실제 거주하는 곳'으로 바꾸고 주거급여 등으로 통해 주거비 부담도 덜어주어야 한다.

마지막으로, 학비와 사교육이 없는 나라다.

80년대까지만 해도 대학은 우골탑이라 불렸다. 그래도 소를 팔면 자녀들이 대학을 졸업하고 성공할 수 있었다. 하지만 이제는 오히려 교육이 계층이동의 장벽이자 대물림의 수단으로 작용한다. 사회 양극화는 교육 양극화로 이어지고 다시 교육 양극화가 사회 양극화를 고착시킨다. 이런 교육에 의한 양극화 악순환의 고리를 끊고 다양하고 창의성이 발휘되는 교육으로 바꿔야 한다. 최소한 대학등록금 때문에 공부를 포기하는 일은 없도록 만들어주어야 한다.

독일은 4차 산업혁명을 선도하고 끊임없는 중소기업 혁신을 통해 미래세대에게 힘이 되는 사회를 만들어가고 있었다. 갑질이 없고, 무한 입시 경쟁도 없다. 대학등록금이 없는 나라, 창의적이고 행복한 교육이 이뤄지는 나라가 독일이다. 우리 청년들이 꿈꿀 수 있고, 그 꿈이 이뤄지는 나라를 위해 독일을 배워야 한다.

#5

4차
산업혁명은
새로운 기회

4차 산업혁명을
선도하는 독일

○ 강한 제조업에 기반한 '원 팀'

내가 관찰한 독일은 자국 산업의 강점을 극대화하는 전략을 펴고 있었다. 이에 기반해 '정글식' 자본주의가 아닌 '이타식' 자본주의, 즉 사회 시장경제 철학을 4차 산업혁명에도 적용하고 있었다.

"오늘날 독일 산업의 강점은 크게 두 가지예요. 제조업이 발전했고, 그 중심에 자동차 산업이 있다는 점입니다. 자동차 산업이 로코모티브(기관차)와 같이 선도하고 있으며, 다른 산업분야 및 소프트웨어와 연결되면서 독일 전체 산업의 혁신을 리드하고 있지요."

독일 대표적인 전기전자 기업인 지멘스의 롤란드 부쉬 부회장이 "독일 경제가 강한 요인이 무엇인가"라는 나의 질문에 대답한 내용이다. 그는 또 "독일은 전체 산업에서 자동차가 차지하는 비중이 가장 높고, 독일 산업 전체를 하나의 시스템으로 묶고 있다"고 설명한다. 이 같은 대답은 지멘스뿐만 아니라 자동차 기업인 BMW 간부나 독일 학자들에게도 들었던 내용이다. 실제 독일 경제에서 자동차 산업이 차지하는 비중은 전체 산업에서 약 20%에 이를 정도다. 한국의 삼성전자와 비교할 수 있는 수치다.

부쉬 부회장은 자신이 일하고 있는 지멘스가 자동차를 만드는 기업이 아님에도 "4차 산업혁명의 핵심 산업은 자동차 산업"이라고 말했다. BMW 얀 엘런 이사도 "과거에 비해 자동차 산업은 여러 문화가 복합돼 접목하고 있다"면서 "과거는 단순히 판매장에서 판매만 했으나 오늘날에는 카셰어링, 우버 등 다양한 자동차 문화를 만들어가고 있다"고 설명한다.

4차 산업혁명 특징인 개방, 융합, 공유라는 가치를 가장 잘 접목시킬 수 있는 분야가 자동차 산업이라는 것이다. 이런 특성과 함께 비교적 고가로 쉽게 소유할 수 없다는 점에서 자동차 산업은 점점 공유경제로까지 확산되고 있었다. 자동차 문화 역시 변화되고 있는 것이다.

자동차 산업의 변화는 비단 독일뿐 아니라 미국 실리콘 밸리에서도 찾을 수 있다. 과거 전통적인 자동차 기업만 자동차를 생산했다면 이제는 다양한 기업들이 자동차 시장에 진출하고 있다. 인터넷 기업인 구글은 자율주행차 개발에 뛰어들고 인터넷 결제 서비스의 공동

창업가인 일론 머스크는 전기차 회사인 테슬라를 창업해 주도하고 있다. 또한 자율주행차를 넘어 모든 것이 연결된 자동차라는 뜻의 커넥티드 카라는 명칭이 나오는 것은 자동차가 단순히 전통적인 운송수단으로서의 기능을 넘어 서비스 자체가 더욱 다양해지고 있음을 의미한다.

독일이 자동차 산업을 통해 4차 산업혁명에 박차를 가할 수 있는 것은 뿌리가 튼튼한 독일 제조업의 역사가 뒷받침되어 있기 때문이다. 독일 최고의 응용기술연구소인 프라운호퍼의 프랑크 트레페 소장은 "독일은 전통적으로 기계설비 분야가 강하고, 이를 기반으로 수많은 제조업 분야들이 연결돼 있다"면서 "이들이 연합을 하면서 파워를 발휘하는 단계"라고 평가한다.

그렇다고 독일이 인공지능 등 4차 산업혁명의 요소기술을 세계적으로 선도하고 있는 것은 아니다. 인더스트리 4.0을 학술적으로 발전시킨 독일한림공학원의 헤닝 카커만 원장은 "독일 정보통신 기술은 미국에 비해 뒤처져 있다"고 고백한다. 독일 자민당의 토마스 알타베르크 의원도 "4차 산업혁명 시대를 맞아 독일 산업구조가 미국과 중국에 샌드위치 당할 위기에 있다"고 진단한다. 인공지능 및 정보통신 기술에서 독일은 미국에게는 뒤처지고 중국에게는 추월당하고 있다는 분석이다. 이는 독일뿐만 아니라 대한민국에도 해당된다. 특히 중국의 부상은 대한민국에게 위기로 다가오고 있다.

그럼에도 불구하고 독일은 어떻게 '인더스트리 4.0'이라는 콘셉트

를 만들어 세계 제조업을 리드하고 있을까. 우선적으로 드는 궁금증
이다. 여기에는 독일의 두 가지 전략이 뒷받침되었다. 먼저 독일의
장점인 제조업이 선도한다는 것, 그리고 여기에 산업체 전체가 '원
팀one team'으로 움직이는 것이다. 뮌헨 BMW 본사에서 만난 마르틴
슐로터 박사는 "우리 BMW가 앞서 새로운 것을 실행해보고, 이를 기
반으로 전체 산업에 도입하고 있다"고 설명한다. 한 기업의 발전을
개별 기업에 머물게 하지 않고 전체 산업에 적용시켜 더불어 발전하
는 정책과 문화를 정착시킨 것이다.

○ 게임 체인저로 만드는 인더스트리 4.0 전략

독일은 정치와 기업이 합심해 만든 4차 산업혁명 전략을 명확하게
갖고 있었다. 2011년 앙겔라 메르켈 총리가 하노버 메세에서 발표한
'인더스트리 4.0'이 그것이다. 2016년 경제정치인의 올림픽으로 불
리는 다보스 포럼(세계경제포럼)에서 클라우스 슈밥이 '4차 산업혁명'이
라는 개념을 제시한 것보다 5년이나 앞선 시점이다.

원래 독일은 첨단기술에 앞서가기 위해 '하이테크 전략 2020 실행
계획'을 마련했고, 인더스트리 4.0은 그 계획 중 하나였다. 독일의 인
더스트리 4.0은 민간 차원, 즉 기업에서 출발했다. '바텀 업' 방식으
로 민간에 의해 전략이 수립되고 정부가 이를 적극적으로 수용해서

확대 발전시킨 것이다.

그럼 어떻게 독일은 인더스트리 4.0을 먼저 추진하게 되었으며, 이의 핵심 전략은 무엇인가.

그 배경에는 세 가지 환경이 융복합으로 작용하고 있었다. 먼저 저출산 고령화로 경제인구의 변화였다. 일할 사람이 줄어들고 있었다. 대한민국에도 해당되는 사안이다. 둘째로 한국과 중국 등 후발 국가들의 추격이다. 저임금에 기반한 중국 제조업이 독일을 위협하고 있었다. 셋째로 신기술 발전으로 노동의 고도화와 고임금 구조다.

이 같은 환경 때문에 독일의 정치 리더들은 기업인들과 머리를 맞대고 미래를 개척하기 시작했다. 프라운호퍼 연구협회의 프랑크 트레페 소장은 "독일이 추구하는 인더스트리 4.0은 미래전략"이라고 강조한다. 독일 제조업의 '차세대 전략'이자 독일 산업의 미래 경쟁력을 최적화하기 위한 전략이라는 뜻이다.

초기 독일의 인더스트리 4.0은 '스마트 팩토리'에서 출발했다. 독일 기업의 공장 자동화를 넘어서 생산성 제고와 경쟁력 향상에 목표를 둔 것이다. 즉 독일에서 3차 산업혁명이 컴퓨터와 인터넷을 통한 자동화 중심이었다면 향후 센서, 사물인터넷 등 신기술과 인공지능, 블록체인 등 디지털 기술의 융복합으로 더 큰 변화가 발생할 것이기 때문에 독일식 제조업의 4차 산업혁명인 인더스트리 4.0을 내걸게 된 것이다.

2015년에 독일 인더스트리 4.0 플랫폼에서 발표한 내용에 따르면

"인더스트리 4.0은 제품의 전체 라이프 사이클에 걸친 가치창조사슬과 조직 및 관리의 새로운 단계"라면서 "점점 더 개인화된 고객의 요구사항에 맞추는 아이디어 개발, 제조 주문, 최종 고객에게 전달과 리사이클링까지 연계된 서비스로의 확대"라고 정의했다. 맞춤형 주문에 부응하고 생산 프로세스와 서비스를 융복합하기 위해 제조업과 서비스업을 통합하는 새로운 비즈니스 모델이다.

BMW의 얀 엘런 이사는 "자동화 기술, 센서 및 사물인터넷, 빅데이터, 인공지능 등의 기술을 활용해서 개인 맞춤형 생산에도 효율성이나 생산성이 떨어지지 않으면서 제품 판매 이후에도 제품을 체크하고 데이터를 수집해 서비스할 수 있는 단계에 접어들었다"고 설명한다. 지멘스가 운영하는 암베르크 공장이 그 사례다. 이곳은 최고 생산성에다 적기공급, 생산공정의 융통성, 빅데이터 분석과 개선을 통해 수율(收率, 원자재에 화학적 과정을 가해 원하는 물질을 얻을 때, 실제로 얻은 분량과 이론상 기대했던 분량을 백분율로 나타낸 비율)을 99.99%까지 실현할 정도다.

독일 정부는 기업체, 연구소, 노조가 합심해서 '인더스트리 4.0 플랫폼'을 운영하고 있다. 정부(경제부와 교육과학부)가 주도한 '인더스트리 4.0 위원회'에는 4차 산업혁명을 선도하는 도이치텔레콤, 지멘스, 보쉬, SAP, 프라운호퍼 등의 기업과 노조대표도 참여했다. 위원회가 구축한 인더스트리 4.0 플랫폼에 가입한 기관은 현재 300개를 넘어섰다.

또한 대기업과 중소기업 간 상생관계 구축에 우선순위를 둔다. 지멘스 등 독일 대기업들은 인더스트리 4.0 이사회와 플랫폼에 참여해 중소기업들이 인더스트리 4.0을 통해 성장하도록 적극 지원하고 있다. 대기업과 중소기업이 갑을관계가 아닌 상생관계를 구축하도록 정부가 마당을 만든 셈이다. 이를 통해 히든 챔피언들이 갖고 있는 신기술이나 신제품 콘셉트를 대기업들이 사들여 경쟁력을 높이는 이점을 발휘하기도 한다.

인더스트리 4.0에 참여하는 대기업과 연구소들은 한결같이 "독일의 중견기업, 즉 미텔슈탄트는 과거 성공에 빠져 있기 때문에 새로운 혁신을 받아들일 준비가 부족하다"고 지적한다. 따라서 위원회는 중견기업보다 중소기업이 4차 산업혁명에 적극 동참할 수 있도록 지식과 기술을 전수하는 전국 투어를 실시하고 있다.

또한 미래 10대 목표도 제시했다. 관련 법률을 제정하고, 중소기업의 연구결과를 빠르게 상품과 서비스로 출시할 수 있도록 적극 지원하는 것이 골자다. 네트워크화를 통해 다양한 성공 사례를 공유하고 신규 프로젝트를 추진하기도 한다. 중소기업에게 도전과 용기를 북돋우는 정책이다.

독일과 한국의 4차 산업혁명 준비에서 가장 큰 차이점은 정치와 마찬가지로 독일은 바텀 업인 데 비해 한국은 톱 다운 방식이라는 사실이다. 독일은 풀뿌리 민주주의에 기반한 상향식 정책 결정이라면, 한국은 하향명령식 정책집행이 이뤄지고 있다.

○ 뉴 플랫폼 경제 및 비즈니스 모델

현재 진행되고 있는 4차 산업혁명은 혁신적innovative이자 파괴적 destructive이다. 혁신하는 기업이 살아남고, 기존의 비즈니스 모델이 파괴되고 있기 때문이다.

그렇다면 100년 전과 50년 전 최고 기업은 어느 기업이며, 지금은 어느 기업이 최고 규모로 평가받고 있는가. 기업의 흥망성쇠는 산업 혁명의 발전사와 궤를 같이 하고 있다. 100년 전 유럽에서는 2차 산업혁명이 진행되었다. 전기에 기반한 기계화와 에너지 산업이 중심에 있었다. 대표 기업으로 미국의 AT&T, 스탠더드 오일, US 스틸 등이 있었고, 규모는 10억에서 50억 달러 규모였다. 3차 산업혁명의 시기에는 IBM, 코닥, GE 등이 부상했고, 기업 규모는 2,500억 달러까지 치솟았다. 그 후로 50년이 지난 현재 세계 최고 규모의 기업으로는 애플, 구글, 마이크로소프트, 아마존, 페이스북 등을 들 수 있다. 애플은 시가 총액 1조 달러 달성을 앞두고 있고, 비교적 신생기업인 페이스북이 5,000억 달러를 넘어섰다. 100년 전 최고 규모의 기업보다 무려 150배 이상이다.

특히 이들 기업의 공통점은 거대 플랫폼 기업이라는 점이다. 4차 산업혁명의 특징인 디지털 디바이스, 인간, 그리고 유비쿼터스가 두루 결합된 초연결·초지능 사회라는 새로운 시대에 기반해 성공한 기업들이다. 애플, 구글, 아마존, 페이스북으로 대표되는 플랫폼 기업들은 B to C(기업 대 소비자) 비즈니스 모델에 기반하고 있다. 미국에 대응하기 위해 중국에서도 플랫폼 기업들이 대거 부상하고 있다. 마윈이 이끄는 알리바바에서 텐센트, 바이두, 화웨이 등 거대 플랫폼 기업들이 공룡이 되었다. 한국에서 이들과 어깨를 나란히 할 기업은 삼성 정도밖에 없는 실정이다.

제조업이 발전한 독일은 거대 세계 시장을 두고 B to C 모델보다는 B to B + C 모델을 개척 중이다. 소비자들이 직접 소비하는 상품보다 기업과 소비자가 함께 연계되는 소비시장을 목표로 하고 있는 것이다. 지멘스와 SAP가 그 대표 기업이다. 지멘스는 마인드스페어 Mindsphere라는 플랫폼을 개발했다. 시스템 통합, 앱 개발, 컨설팅 및 전략 파트너, 기술제공 기업, 클라우드 기업, 그리고 네트워크 개발 기업 등 수많은 기업들이 참여하는 구조다. 이를 두고 지멘스의 부쉬 부회장은 "인프라, 연구 및 개발 등 다양한 파트너 간 연계가 이뤄지고 데이터를 교환하면서 고객에서 더 나은 서비스를 할 수 있는 플랫폼을 건설한다"고 설명한다.

또한 한 기업이나 여러 기업의 수직적 통합이나 수평적 통합을 넘어 플랫폼 통합을 말하기도 한다. 이를 통해 플랫폼 간 데이터 교환이나 기업 간 협업으로 새로운 비즈니스 모델이 만들어지기 때문이다. 이를 두고 플랫폼 비즈니스 경제라고 말하기도 한다.

부쉬 부회장은 기차 플랫폼의 사례로 이를 설명한다. 그는 "기차의 문이 고장 나면 마인드스페어 플랫폼이 문이 왜 고장 나게 되었는지 정보를 모으는데, 이 과정에서 수많은 정보통신학자 등이 연구한 알고리즘을 통해 정보를 쌓고 디지털 분석의 과정을 거쳐 해결방안을 도출한다"고 설명한다.

그는 또 플랫폼 경제가 기차뿐 아니라 도시, 건강, 빌딩 등 다양한 분야에 적용해서 생산성을 높이고 새로운 문제해결 방식을 찾고 있다고 말한다. 헬러라는 공구생산 회사는 지멘스가 제공하는 마인드스페어 플랫폼을 적용해서 생산성을 20% 높이고, 품질도 크게 개선했다고 한다. 이 회사는 나아가 마인드스페어를 통해 기계를 파는 회사에서 시간제로 기계를 빌려주는 새로운 비즈니스 모델을 갖추게 되었다.

자율주행차 개발이 대세인 자동차 산업의 경우도 플랫폼 경제가 더욱 중요해졌다. BMW 슐로터 박사는 "자율주행차 연구개발은 수많은 연관기업들이 함께해야 가능하다"면서 "우리는 플랫폼을 공개해서 인텔, 모빌, 아이 같은 여러 회사들과 합작 연구하고 있다"고 밝혔다. 연구개발뿐 아니라 법과 윤리 문제 같은 경우 더욱 타 기관과의 협업이 필요해짐은 물론이다.

4차 산업혁명은 기업의 생산성을 높일 뿐만 아니라 새로운 비즈니스 모델을 창출해야만 미래에 희망을 찾을 수 있다. 특히 제조업 기업은 제품을 판매하는 것에서 서비스를 판매하고, 나아가 플랫폼을 판매하는 새로운 영역을 창조하고 있다.

○ 정치 리더십과 정부의 역할이 승부처

내가 만난 독일의 기업인들과 연구원들은 '독일이 4차 산업혁명을 선도하게 된 이유'를 묻는 질문에 한결같이 "독일 정부가 방향을 잘 잡아서 지원하고 있기 때문"이라고 대답한다. 독일은 디지털 대전환의 메가트렌드에 부응하기 위해서 인더스트리 4.0이라는 전략을 세워 기업들을 지원하고 있다. 현재 독일에는 정부가 지원하는 4차 산업혁명 관련 테스트랩이 전국에 30개나 운영되고 있을 정도다. 또한 정부는 표준화도 선도하고 있다.

지멘스의 부쉬 부회장은 독일의 4차 산업혁명 선도 배경으로 '독일 제조업의 강세, 이를 뒷받침하는 소프트웨어의 발전, 디지털 기술들을 받쳐주는 연구소의 성과, 그리고 정부의 지원' 등 네 가지 조건을 꼽는다. 또 프라운호퍼 연구협회의 프랑크 트레페 소장은 "정치 없이는 아무것도 될 수 없다"면서 "정치의 역할이 아주 중요하다"고 강조한다. 국가 R&D 예산을 정치인들이 결정하기 때문이다.

독일은 국가 예산의 3%를 R&D 비용으로 지출하고 있다. 한국은 전체 예산의 5% 정도인 약 20조 원을 투자하고 있다. 하지만 성과에서 큰 차이를 보이고 있다. 독일은 끊임없이 히든 챔피언 기업들이 배출되지만, 우리는 R&D 투자에 실패했다는 지적이 계속 나오고 있다. 세금이 줄줄 새는 형국이다. '20조 원이라는 엄청난 예산을 어떻게 배분하고 지원하며, 현장에서의 혁신을 어떻게 유도할 것인가'를

지멘스의 롤란드 부쉬 부회장

BMW 본사 로비

내가 만난 독일의 기업인들과 연구원들은 '독일이 4차 산업혁명을 선도하게 된 이유'를 묻는 질문에 한결같이 "독일 정부가 방향을 잘 잡아서 지원하고 있기 때문"이라고 대답했다.

조정하는 리더십이 부족했던 탓이다. 수요자 중심의 연구체계가 안 되어 있다는 문제의식에 따라 우리나라도 박근혜 정부인 2015년 프라운호퍼 모델 도입을 시도해 추진하고 있지만, 그 기반이 워낙 미약해 성과 역시 미미한 편이다.

독일은 전후 정치인들이 나서 실용적 성과를 내는 4대 연구소 모형을 만들었다. 기업 및 산업과 가장 밀착해 응용기술에 집중하는 프라운호퍼 연구협회를 비롯해 노벨상을 탈 만한 순수 기초과학 연구를 진행하는 막스플랑크 연구협회, 목표 지향적 거대 연구를 추구하는 헬름홀츠 연구소, 맞춤형 과업 연구에 집중하는 라이프니츠 연구소가 그것이다.

내가 직접 방문한 프라운호퍼와 막스플랑크 모두 독일 정부 투자를 받고 있다. 그러나 프라운호퍼는 순수과학을 연구하는 막스플랑크와 달리 예산의 3분의 1만 정부가 지원한다. 막스플랑크는 95% 이상의 예산을 정부 및 지방정부가 지원함으로써 순수과학 연구에 전념할 수 있도록 한다. 나머지 5%는 재단 회원 등의 회비 및 기타 기술료 등의 수입으로 충당된다. 하지만 프라운호퍼는 산업 활용이 목적인 응용기술을 연구개발하기 때문에 산업체와 협력, 이익창출을 통해 나머지 예산을 확보할 수 있게 했다.

프라운호퍼의 트레페 소장은 "우리 기관의 예산 70%는 기업 등 외부 기관과의 프로젝트를 통해 조달한다"고 말한다. 따라서 프라운호퍼의 협력 파트너는 독일 기업뿐만 아니라 세계 곳곳의 정부·기업·대학을 막론한다. 우리나라 기업과도 많은 프로젝트를 진행하고 있다. 삼성종합기술원이나 현대자동차, 서울시, 서울과학기술대학 등과 각각 에너지·IT·생명공학 등의 연구를 함께 진행해오고 있다.

독일은 이들 연구소끼리 경쟁하지 않는다고 강조한다. 오히려 각자 역할이 있기 때문에 협업하는 구조를 만든 것이다. 이것이 정치 리더십의 역할이라고 설명한다. 트레페 소장은 "내년이 프라운호퍼의 설립 70주년"이라면서 "그 역사 속에서 우리 연구소가 인더스트리 4.0에 지대한 역할을 하고 있다"고 자랑한다. 그는 또 "현재 프라운호퍼는 4차 산업혁명과 관련한 프로젝트를 350개나 가동 중"이라고 설명한다. 연구소가 선도 기능을 담당하고 있다.

내가 만난 독일 정부 관계자나 기업인들은 정부가 산업 표준화를 넘어서 개인정보 보호 및 데이터 보안, 그리고 사이버 테러에 대한 대책을 마련해줘야 한다고 입을 모은다. 특히 독일에서는 4차 산업혁명과 관련해 데이터가 '산업의 쌀'이라 불릴 만큼 핵심 역할을 하기 때문에 개인정보 수집 범위, 수집된 개인정보의 소유 문제가 가장 중요한 이슈로 등장하고 있다. 독일 정부는 대연정의 협정문에도 이것을 제기했고, 법적·제도적 장치를 만들어가고 있었다. 후발국가인 대한민국에도 시사점을 얻을 수 있는 대목이다.

4차 산업혁명으로 만드는
뉴 코리아 경제 모델

○ 제조업과 정보통신 경쟁력을 살려야

2016년 스위스의 글로벌 금융기관인 UBS가 4차 산업혁명 준비에 대한 평가를 실시한 결과 한국은 세계 25위로 나타났다. 반면에 미국은 5위, 이웃나라 일본은 12위였다. OECD가 실시한 4차 산업혁명 기반기술 이용가능성 조사에서도 한국은 5.6점으로 나타나 전체 평균인 5.9점(10점 만점)에도 미치지 못하고 있다.

미국은 'AMP 2.0', 중국은 '중국제조 2025', 일본은 '재판부흥과 소사이어티 5.0'이라는 문패를 내걸고 각각 국제 무한 경쟁을 선도하기 위해 노력하고 있다. 반면에 한국은 지난 이명박·박근혜 정권 10년간 4대강 사업과 국정교과서 추진 등 세계 역사에 퇴행하는 정책을 추진했다. 또한 대한민국은 설비투자의 둔화, 조선과 철강 등 주력 산업의 침몰, 저출산·고령화 등으로 비슷한 위치에 있는 다른 산업 국가들에 비해 낮은 경제성장률을 보일 것이라고 독일의 미래연구소가 발표한 적이 있다. 한국 경제가 바야흐로 위기국면이다.

이를 극복할 수 있는 방안은 신성장 동력을 만들 수 있는 4차 산업혁명에 적극적으로 대응하는 전략이다. 독일 전문가들은 "대한민국은 제조업이 발전한 데다 정보통신 인프라가 가장 앞서가는 나라이기 때문에 4차 산업혁명을 선도할 수 있는 좋은 환경"이라고 지적한다. 내가 뮌헨 지멘스 본사에서 만난 롤란드 부쉬 부회장도 "대한민국이야말로 4차 산업혁명의 꽃인 스마트 시티를 추진하는 데 최고 인프라를 갖췄다"고 말했다.

그는 박원순 서울 시장의 자문역도 맡고 있는데 박원순 시장에게 "우리가 제안한 서울시 스마트 시티 2030 프로젝트를 실현하면 에너지 30% 절약은 물론 공공교통 수단으로 전기버스를 이용해 미세먼지 등 오염 없는 도시를 만들고, 신재생 에너지 사용률 20% 상승, 이산화탄소 30% 이상 감축도 가능하다"고 설명했다고 한다. 이처럼 서울이 스마트 시티 프로젝트의 세계 선도 모델, 즉 스마트 시티 '퍼스트 무버'가 되면 서울시에 미래 전략이 마련되는 셈이다.

스마트 시티 프로젝트는 4차 산업혁명의 꽃으로 평가받는다. 제조업과 정보통신의 융복합을 통해 스마트 시티의 핵심 5요소인 물류교통(자동차, 철도, 주차 등), 물(상하수도 및 폐기물), 에너지(열과 신재생 등), 헬스케어(건강, 의료, 제약), 빌딩(자동화, 보안, 안정) 등을 스마트하게 관리 운영할 수 있다. 도시의 주요 인프라인 물류, 빌딩, 건강, 에너지 등의 데이터가 쌓이면 도시를 보다 효율적이고 과학적으로 운영할 수 있다. 또한 이 같은 다양한 프로젝트를 통해 기업 간 협업이 이뤄지면 기술과 데이터 축적을 통해 협업 규모가 갈수록 커지고 보다 다양한 프로젝트를 추진할 수 있는 생태계가 만들어진다. 세계 산업 강국의 지도자인 독일의 앙겔라 메르켈 총리, 미국의 오바마 대통령, 중국의 시진핑 주석 등이 자국의 4차 산업혁명을 선도하기 위해 최선을 다하는 이유이다.

한국은 문재인 정부가 들어서면서 4차 산업혁명에도 적극적으로 나서고 있다. 이전 이명박·박근혜 대통령의 세계 흐름에 역행하는 정책으로 위기를 맞은 한국이지만 촛불혁명을 통해 정상화로 가고 있다.

대한민국의 4차 산업혁명 인프라를 조금만 자세히 들여다보면 4차 산업혁명을 위해 한국이 무엇을 준비해야 할지 드러난다. 우리나라는 제조업과 정보통신 인프라가 갖춰진 최적의 환경을 보유하고도 4차 산업혁명 준비 정도는 평균 점수에도 못 미치고 있다. 독일 사례에서 볼 수 있는 핵심은 제조와 서비스의 영역을 잇는 전문과학기술 서비스업이다. 산업연구원의 박문수, 이동희 연구위원은 "4차 산업혁명에서 앞서가고 있는 미국, 독일, 일본의 경우에는 전문과학기술서비스, 사업지원 서비스 등이 전체 산업네트워크의 중간재 공급자로서 허브 구실을 하고 있는 반면 우리나라는 그렇지 못하다"고 지적한다. 제조업을 고도화시키고 이를 통해 새로운 서비스업을 창조해나가야 할 허브가 없다는 것이다. 제조업의 인프라가 있어도, 정보통신 인프라가 있어도, 독일의 프라운호퍼 연구협회와 같이 응용과학기술을 서비스하는 곳과 SAP와 같이 디지털 혁신을 위한 사업 서비스를 하는 소프트웨어 파워가 부족하다.

한국의 과학기술체제에 대한 문제는 진작부터 지적되어 왔다. 프라운호퍼 연구협회와 같은 역할을 하는 한국의 정부출연연구기관인 과학기술연구회 소속 25개 기관의 총 예산은 5조 원이 넘는다. 프라운호퍼 연구협회의 예산이 3조 원인 것을 고려하면 적은 예산이 아니다. 문제는 정부 출연금을 제외하고 60% 정도 되는 자체 수입 중 대부분이 정부나 공공기관으로부터 온다는 것이다. 민간에 의한 수탁사업은 10%에 불과하고 그마저도 순수기업이나 산업영역에서 얻는 수입은 전체 예산의 3~4% 수준이다. 출연연구기관이 산업과 기업 현장의 수요를 반영하지 못하는 것이다.

미국은 뛰어난 정보통신 혁신 기술을 바탕으로 제조업을 고도화하고 있고, 독일은 반대로 오랜 제조업 경험과 역량을 바탕으로 정보통신 분야를 고도화하여 4차 산업혁명에 대응하고 있다. 두 국가 모두 방식은 다르지만 두 영역의 융복합 창의적 혁신을 가능하게 하는 허브가 있다.

뛰어난 제조업과 정보통신 인프라를 가진 대한민국이 4차 산업혁명에 성공하기 위해서는 우리 사회 전반에서 많은 변화가 필요하다. 산업적인 측면에서 가장 필요한 것은 이들 두 영역을 이어주는 과학기술분야의 서비스 산업을 육성하는 일이다.

이를 위해서 정부출연 연구기관들이 실질적으로 도움이 되는 역할을 할 수 있어야 한다. 그 핵심은 정부와 공공기관 중심의 수탁구조에서 산업현장의 수요를 반영하는 구조로 바뀌는 것이다. 연구조직도 기관과 단순한 실적 중심이 아니라 개별 연구자의 창의성이 발휘되도록 연구자 중심, 수요자 중심의 조직으로 변화되고, 프라운호퍼 연구협회처럼 종신까지는 아니더라도 독립성과 수장의 임기를 보장받는 것이 필요하다.

이렇게 허브가 될 산업을 육성하고, 과학기술체제 혁신과 함께 현장 중심의 네트워크를 구축하는 구조적 변화를 단행한다면 지금 당장은 아니더라도 가까운 미래에 경쟁력이 커지기 시작할 것이다. 여기에 스마트 공장뿐만 아니라 스마트 시티, 자율주행차, 드론, 스마트팜, 핀테크, 에너지 산업 등 신산업에 적극적으로 투자한다면 4차 산업혁명 시대의 주인공은 대한민국이 될 수 있다. 늦었다고 생각할 때가 가장 빠른 순간이다.

○ 모세의 기적을 만드는 정치 리더십

독일 고속도로 한복판에서 구급차가 지나가자 도로 위의 수많은 차가 자동적으로 도로 양 옆에 붙어 섰다. 구급차 사이렌 소리에 자동차들이 길을 터주어, 도로 위는 마치 '모세의 기적'이 일어난 듯이 갈라졌다. 독일의 성숙한 자동차 문화와 시민의식을 보여주는 것이다. 실제 모세의 기적은 이스라엘 민족이 이집트 파라오의 억압으로부터 벗어나 약속의 땅에 가기 위해 홍해에 다다른 순간 바다가 갈라진 기적을 말한다.

2014년 부산에서도 모세의 기적이 일어났다. SBS 예능프로그램 〈심장이 뛴다〉에서 부산 고속도로에서 일어난 모세의 기적이 방송돼 당시 큰 관심을 불러 일으켰다. 이제 그런 장면은 한국에서도 어렵지 않게 찾아볼 수 있게 되었다. 그만큼 한국의 시민의식도 성숙해졌다.

촛불혁명을 통해 우리는 성숙한 시민민주주의 의식을 세계에 보여주었다. 독일 프리드리히 에버트 재단은 촛불집회에 참석한 1,600만 명의 한국 시민에게 '2017년 인권상'을 수상했다. 에버트 재단은 "민주적 참여권의 평화적 행사와 집회의 자유는 민주주의의 필수 구성요소이며, 한국 국민의 촛불집회는 이 중요한 사실을 전 세계 시민에게 각인시키는 계기가 됐다"며 "평화적 집회 권리를 행사한 모든 이들을 대신해 퇴진행동이 이번 인권상을 받는다"고 밝혔다. 에버트 재단은 제1차 세계대전 이후 건국한 바이마르 공화국에서 민주적으로 선출된 독일 초대 대통령 프리드리히 에버트의 뜻에 따라 1925년 설립됐다.

문제는 한국의 성숙한 시민의식을 기업가 정신이 따라가지 못하는 것이다. 대표적으로 자동차 산업을 들 수 있다. 현대자동차는 전기차나 자율주행차에 투자할 시기에 한국전력 부지 투기에 10조 원을 투자했다. 그 돈은 청년들의 미래 일자리와 신성장 동력에 투자했어야 했다. 이는 정치 및 기업 리더십의 문제라고 볼 수 있다.

나는 독일에서 자동차 전문가들에게 '전기차와 수소차의 미래'에 대해 문의했다. 그들은 "단기적으로는 전기차에 올인하고 수소차는 장기적으로 접근하고 있다"고 대답했다. 그들은 현대차의 수소차 우선 정책에 대해 긍정적으로 평가했지만, 과연 세계적인 흐름에 전반적으로 잘 부응하고 있는지 의문을 가졌다.

BMW, 벤츠, 아우디 등 세계적인 자동차 브랜드 회사들을 보유하고 있는 독일에 비해 한국의 자동차의 경쟁력이 떨어질 수는 있다. 하지만 미국의 경우 구글, 아마존, 애플 등 정보통신 기업들이 앞다투어 자동차 산업에 진출하는 형국이다. 대한민국은 전 세계 제조업 경쟁력CIP지수 5위인 나라다. 2014년 4위에서 한 계단 떨어졌다고 하지만 여전히 높은 경쟁력을 갖고 있다. 1위는 독일이다. 2016년 국제전기통신연합ITU에서 발표한 대한민국의 ICT 경쟁력은 세계 1위다. 제조업과 정보통신의 인프라와 경쟁력은 세계 최상위권이라는 이야기다. 정치 및 기업 리더들이 그 역할을 제대로 수행한다면 가장 경쟁력이 높은 국가로 발돋움할 가능성은 충분하다.

문제는 앞서 이야기한 것처럼 이 인프라를 4차 산업혁명의 보배로 만들어줄 전문과학기술서비스가 취약하고, 무엇보다 리더십이 결여되었다는 점이다. 4차 산업혁명의 핵심은 개방과 융복합화다. 그리고 이것을 가능하게 하는 것은 네트워크다. 리더의 역할에 따라 네트워크 운영효과는 크게 달라진다. 한국은 정부부처, 기관, 업종 간 칸막이가 높고, 전 세계적인 다국적 플랫폼이 없는 상황이다. 이렇게 열악한 조건을 극복하고 개방과 융복합화를 이뤄내기 위해서는 정치인, 정부관료, 기업 CEO에서부터 시민들까지 모두 힘을 모아야 한다.

독일, 미국, 일본 등 4차 산업혁명 선도국가들은 자국의 강점을 기반으로 차별화된 전략을 추진해가고 있다. 독일은 스마트 공장으로 대변되는 지능제조 생태계를 선점하려 하고 미국은 클라우드 분야를, 일본은 로봇기반의 시장을 장악하는 것을 목표로 하고 있다. 그리고 산·학·연·관의 긴밀한 네트워크를 구축해가고 있다.

우리 역시 우리의 분명한 장점을 살리는 분야를 선택해 차별화하고 집중하는 것이 중요하다. 그리고 그 과정은 다양한 주체들 간의 협력을 통해서 진정한 변화가 시작될 수 있다. 독일처럼 우리의 현대자동차, 삼성전자, SK텔레콤 등 주요기업들이 함께 모여 머리를 맞대는 협력적 리더십을 발휘한다면, 그래서 대한민국 전체의 경쟁력을 높이기 위한 공동 플랫폼을 만들고 연구개발을 함께 추진할 수 있다면 그 시너지 효과는 엄청날 것이다.

한 분야에서 최고가 되기 위한 각자의 노력도 중요하지만 각각의 장점을 바탕으로 협력해 우리 산업 자체의 경쟁력을 높여야만 미국, 독일, 중국, 일본 등 4차 산업혁명 강국에 대응할 수 있다. 여기에 창의성과 기술력이 뛰어난 벤처 및 중소기업들이 참여하고 성장하도록 정부가 판을 만들어야 한다.

현재 컨트롤타워 역할을 하고 있는 4차산업혁명위원회부터 현장의 목소리가 우선되는 강력한 협력적 네트워크 체제로 만들고 대기업과 중소기업이 서로 협력하는 구조를 만들어주는 것이 그 시작이다. 결국은 모세의 기적같이 4차 산업혁명이라는 약속의 땅에 들어가기 위해 새로운 정치 리더십이 필요하다.

○ 현장에 답이 있다

문재인 대통령은 선거공약으로 대통령 직속의 '4차 산업혁명위원회' 설립을 내걸었고, 이후 위원회가 출범했다. 하지만 독일과 한국이 4차 산업혁명에 대응하는 방식에는 차이가 있다. 기업을 중심으로 인더스트리 4.0 위원회를 구성한 독일과 달리 한국의 4차 산업혁명 위원회는 기업 측 인사도 있지만 교수와 정부 관계자의 비중이 훨씬 높다. 현장의 목소리가 적극적으로 반영되고, 다시 실질적으로 현장을 바꿔갈 협의체가 될 수 있을지 걱정이 앞서게 된다.

독일의 4차 산업혁명 정책은 책상머리가 아닌 현장에서 답을 찾고 있다. 프라운호퍼 연구협회는 최고의 응용기술연구소이면서, 해마다 사내 창업이 25개가 넘어서고 있다. 해외 80개 나라에도 진출해 세계 트렌드를 파악하고 기술을 업그레이드시킬 기회로 활용하고 있다. 철저한 현장주의다. 독일은 또 먼저 기업들의 목소리를 경청하고 이들의 경쟁력을 높일 수 있는 방안을 찾아내고 있다.

저명한 산업 전문가 26명은 《축적의 시간》이라는 저서를 통해 "한국 산업의 아킬레스건은 '창조적 축적'의 부재"라고 지적한다. 선진 국들은 보통 오랜 산업역사를 갖고 있어 기본적으로 많은 경험이 산업계뿐만 아니라 전 사회적으로 공유되고 있다. 중국은 짧은 산업역사에도 많은 경험을 쌓을 수 있는 압도적 내수시장을 갖고 있다. 이를 통해 현장의 수요를 반영하면서도 창조적인 생산물을 만들 수 있다. 반면에 우리는 오랜 역사도 압도적인 내수시장도 갖고 있지 못해 창조적 경험이 충분히 축적되지 못했다는 것이다.

독일의 지멘스가 펼쳐나가고 있는 스마트 시티 사업을 보자. 지멘스는 170년의 기업 역사를 통해 전기, 발전, 운송, 빌딩 등 도시를 구성하는 요소들을 사업영역으로 하면서 수많은 실패와 문제발생 사례 등을 겪어왔고, 그 경험을 축적해왔다. 그 경험을 빅데이터로 만들고 융합플랫폼인 마인드스페어를 통해 스마트 시티라는 새로운 사업영역을 만들어가고 있다. 한 도시 전체가 하나의 사업대상이 되는 이 도전은 엄청난 경험의 축적 없이는 불가능한 것이다.

지금 우리는 산업 현장의 경험, 특히 실패의 경험들이 축적될 수 있는 플랫폼의 구축이 절실하다. 그리고 선진국의 오랜 산업 역사는 물론이거니와 중국처럼 압도적인 내수시장도 갖지 못한 우리가 격차를 극복하는 방법은 사회 전체의 힘을 모으는 방법밖에 없다. 이제 현장에 기반을 둔 새로운 대동경제 모델, 뉴 코리아 경제 모델을 만들 때다. 수요자 중심, 현장 중심의 정책 기조와 합심해서 경쟁력을 키우는 모델이다. 이를 통해 기술 선도국과 추격국가 사이에 긴 '넛크래커'에서 그 어느 나라보다 앞서가는 퍼스트 무버로 진화해야 한다.

　'대동'이라는 우리 역사의 위대한 경제 철학과 가치를 경제 모델에 적용해야 한다. 온고지신이라고나 할까. 우리의 뿌리와 미래를 동시에 찾음으로써 4차 산업혁명이라는 거대한 트렌드에 동승해야 할 때다.

#6

교육혁명과
창업은
인간 해방

청년 학생의 천국에서
창업 메카로

○ 미래 인재의 조건

"향후 10년 동안에 독일은 약 3,000만 개 일자리를 유지해야 해요. 그런데 25~35세까지 인구는 400만 명에 불과합니다. 특히 저출산·고령화로 경제활동 인구가 급격히 줄어듭니다. 이는 2016년 중동의 난민을 100만 명 이상 받아들이는 배경이기도 하지요."

독일 베를린에 있는 미텔슈탄트 대학을 방문했을 때 피셔 부총장이 나에게 한 말이다. 독일은 저출산·고령화로 인해 대학입학 인구가 급격하게 줄어들 뿐 아니라 경제활동 인구가 줄어들어 특단의 대책을 찾고 있다. 특히 독일은 4차 산업혁명의 선도국이다보니 청년 일자리가 남아돌 정도다. 4차 산업혁명의 주요 요소인 자동화에 기반한 스마트 팩토리로 단순 일자리를 줄어들지만 특히 연구개발 등 전문 인력의 수요는 오히려 증가하게 될 전망이다.

피셔 부총장은 나에게 "한국에 대졸 실업자들이 많으니 이들을 독일로 보내주길 희망한다"고 제안하기도 했다. "한국 학생들은 게임을 잘 하는 등 디지털 능력이 뛰어나고 성실하며 학력이 뛰어나기 때문"이라는 것이다.

과연 4차 산업혁명 시대는 어떤 인력을 필요로 하는가. 이 질문에 대한 대답은 기업마다 약간의 차이를 보이고 있으나 공통점을 발견할 수 있었다. 지멘스의 부쉬 부회장은 "디지털 대전환의 시대에 전문기술인력, 특히 IT 전문기술 인력이 필요하다"고 지적하면서 "기술도 중요하지만 이를 관리할 수 있는 사람의 됨됨이가 더욱 중요하기 때문에 인력을 뽑을 때 인성을 많이 평가한다"고 덧붙였다.

프라운호퍼의 트레페 소장은 "여러 학문 분야를 관통하는 다학제적 문제해결 능력을 가진 인물을 선호한다"면서 "단일 학문보다는 융복합 역량을 가진 인재를 뽑고 있다"고 대답한다. 나아가 그는 "세계화 시대에 부응하기 위해서는 다양한 문화 체험과 스펙을 가진 청년이 가장 좋은 인재"라고 밝혔다.

이렇듯 4차 산업혁명은 이전과는 다른 인력을 요구하고 있다. 새 시대를 열어가기 위해서는 다양한 경험에 기반한 상상력과 창의력을 유연하게 발휘할 수 있는 인재를 찾게 된다. 따라서 교육혁명이 필수적일 수밖에 없다. 그래서 독일은 '민트MINT'라는 슬로건을 내걸고 교육혁명을 진행하고 있다.

○ 대학등록금, 입시지옥, 사교육비, 학교폭력 없는 학생 천국

독일은 그야말로 학생의 천국이다. 가난한 집에서 태어난 나는 독일 교육 환경이 가장 부러웠다. 우리나라와 비교했을 때 가장 큰 차이는 '4무無'였다. 즉 대학등록금이 없고, 입시지옥이 없으며, 사교육비가 없다. 또한 학교폭력이 거의 존재하지 않는다. 대학등록금이 없는데도 고졸 학생의 약 35%만 대학에 입학한다. 한국은 한때 고졸자의 80%까지 대학에 입학했을 정도로 대학 진학률이 높다. 교육과 산업 수요의 미스매치가 극심해지고, 대졸자의 실업률이 치솟는 이유다.

독일에 체류하는 동안 입시생을 둔 가정을 방문했을 때 한국 입시가정과 다른 모습에 당황했다. 독일 고3 학생들은 한국의 수능 시험에 해당하는 '아비투어Abitur'를 앞두고도 오전에만 수업을 받는다. 오후에는 평소 자기가 하고 싶은 취미활동과 독서로 시간을 보낸다. 학원은 물론 다니지 않고 벼락치기와 밤샘공부도 하지 않는다. 시험은 평소 실력대로 치르고, 학력이 떨어지는 학생은 교사가 보충수업을 해준다. 시험 문제도 담임 교사가 출제하고 점수를 매긴다. 학생과 교사 간 신뢰가 쌓인 사회이기 때문에 가능한 일이다. 가정에서 한국

같이 입시생을 위해 숨을 죽이고 목소리를 낮추는 극성을 피울 이유가 없다.

독일은 자신의 진로를 아이들이 직접 선택한다. 평판이 좋은 학교, 대학 진학률이 좋은 학교 등이 있어도 아이들이 마음에 들지 않으면 다른 학교를 선택하도록 한다. 본인이 선택한 학교이기 때문에 진학 뒤 어려움이 닥쳐도 더 열심히 노력하게 된다고 한다. 각 학교는 학생들의 선택을 받기 위해서 교과과정에서부터 학교생활 등을 자세하게 설명한다. 학생들은 학교를 선택할 때 교과과정 못잖게 음악, 체육, 연극 등 방과 후 과외활동도 중요하게 본다. 좋은 대학 진학을 위해 예체능 시간을 줄이고, 사설 입시설명회에 수천 명이 몰리는 우리와는 판이한 풍경이다.

독일도 한때 신자유주의에 관심을 갖고 헤센 주 등 7개 주가 대학 등록금제를 도입한 적이 있다. 한 학기 등록금 500유로(한화 약 75만 원)의 제도를 도입했지만, 곧 철폐했다. 돈이 없어 대학에 다니지 못하는 나라가 되어서는 안 된다는 원칙을 국민이 신봉하고 있기 때문이다.

또한 중산층 이하 대학생들을 위한 '바펙Bafoeg' 제도도 운영하고 있다. 소득이나 환경에 따라 다르지만 한 학생이 매월 최대 735유로(약 95만 원)까지 받을 수 있다. 지난 2016년 8월까지는 최대 금액이 670유로였고, 일반적으로 실제 학생들이 받는 금액은 500유로 내외라고 한다. 절반은 정부에서 지원하는 금액이라 갚지 않아도 되고,

나머지 절반은 무이자 대출이다. 아르바이트를 하지 말고 학창 생활에 충실하라는 것이다. 이외에도 각 정당과 경제 단체 등이 수많은 장학제도를 운영하고 있다. 베를린 자유대학 이은정 교수는 "대학 등록금이 없고 바펙 제도를 운영하는 것은 미래세대에 대한 투자이며 평등성의 원칙을 실현한다"고 평가한다.

악몽 같았던 나치와 공산주의를 경험한 독일은 학교폭력을 엄격히 금지한다. 학교폭력에 대해 교사들이 적극적으로 개입한다. 학교에서 학생이 폭력을 행사하면 '3진 아웃제'를 적용한다. 첫 번째 폭력 행사 때는 담임 교사가 학부모를 학교로 불러 1차 경고를 준다. 같은 학생이 2차 폭력을 휘둘렀을 경우 교장이 학부모와 학생을 호출해 엄히 경고한다. 그럼에도 3차 폭력이 발생하면 학생은 퇴학을 당하고 100km 이상 떨어진 학교로 전학을 가야 한다.

한국은 아직도 학교폭력이 심심찮게 발생하고, 심지어 권력층 자녀들이 합세해서 서민층 자녀를 폭행해 공분을 일으키기도 했다. 학교폭력을 근원적으로 퇴치하려는 사회의 노력이 부족하기 때문이다.

한편 독일은 대학을 가지 않은 학생들도 행복하게 살 기회가 충분히 주어진다. 세계가 부러워하는 독일의 '이원적 교육' 제도 덕이다. 대학에 진학하지 않는 학생도 전문대학에서 일과 공부를 병행하는데, 일주일에 3~4일은 현장 마이스터 밑에서 수업을 받고 1~2일은 이론 공부를 하는 형태다. 지멘스의 부쉬 부회장은 이런 이원적 교육에 대해 "현장수업을 통해서 급변하는 기술 및 환경에 최적으로 대응할 수 있는 역량을 쌓기 때문에 취업이 보장된다"고 설명한다.

한국에서는 이명박 정권 때 독일의 마이스터 제도를 오용해 마이스터 고등학교를 설립하기도 했다. 하지만 학생 노동착취 등 여러 문제점을 낳았다. 독일의 마이스터 제도와 한국의 차이는 독일의 경우 기업과 전문대학이 연합해서 최고의 마이스터, 즉 산업의 리더를 키우는 형태인 반면에 우리는 단순한 기능 인력을 배출하는 제도였다는 점이다. '귤나무도 다른 환경에 심으면 탱자나무가 된다'는 격언이 이명박 정권의 마이스터 교육에 해당되는 말이다.

○ 4차 산업혁명 시대의 교육

제4차 산업혁명 시대를 맞이해 독일은 교육혁명에 나섰다. 독일식 4차 산업혁명인 인더스트리 4.0이 성공하기 위해 혁신을 이끌어갈 새로운 인재가 필요하기 때문이다. 그렇다면 4차 산업혁명의 혁신을 이끌어갈 인재는 어떤 사람인가.

창의적이고 고도화된 전문 인력이 혁신의 주인공이다. 그리고 그에 맞는 우수 전문 인력을 확보하기 위해 독일이 단행한 교육 콘텐츠 혁명이 앞서 언급한 '민트' 프로젝트다. 수학Mathematik, 전산학Informatik, 자연과학Naturwissenschaft, 그리고 기술Technik의 머릿글자를 모은 단어로, 이들 분야의 전문 인력을 양성하기 위해 모든 학교에서 의무

교과로 채택하도록 제도화한 것이다.

미국도 이와 유사한 '스템STEM' 프로젝트를 발표했다. 사이언스 science, 테크놀로지technology, 엔지니어링engineering, 수학math의 약자다. 역시 이들 과목을 학교 기본 과목으로 채택했다. 독일과 미국 프로젝트의 차이는 독일은 기초과학을, 미국은 응용기술을 강조한다는 점이다.

독일은 또 현장 교육을 강조한다. 다양한 산업 및 직업 현장을 방문할 뿐 아니라 세계에서 가장 많이 열리는 각종 박람회에 방문한다. '산학연 융복합 클러스터' 제도도 도입했다. 정치가 리드하면서 기업, 연구소, 대학이 손잡고 공동 연구개발하는 형식이다. 독일 정부는 6개 이상의 기업, 연구소, 대학이 참여하고 히든 챔피언이 될 가능성이 높은 연구개발 프로젝트에 국가 R&D 지원금의 75% 이상을 집중한다. 물론 대기업이 아닌 중소기업에만 지원한다.

독일은 창의 교육 및 이원적 교육 시스템으로 대학과 기업 간 미스매치가 없다. 독일의 청년 실업률은 4% 대로 G20 국가 가운데 가장 낮다. 완전 고용의 나라다. 반면 한국은 청년 실업률이 10%에 육박할 정도로 최악의 상황을 맞이하고 있다. 독일 같은 과감한 교육혁명, 교육 내용뿐 아니라 제도 개혁이 절실한 시점이다.

독일의 교육 도시 밤베르크를 방문한 적이 있다. 한국의 고등학교에 해당하는 김나지움을 방문해 수업을 참관하고 학생, 교사들과 대화 시간을 가졌다. 언어, 예체능, 인문학 등의 수업을 참관하면서 느

긴 것은 학생들의 자유로움이었다. 수업 시간에 주눅이 들거나 잠자는 모습을 찾아볼 수 없었다. 한국같이 정답을 말하기 위해 항상 손을 드는 학생 위주로 수업을 진행하지도 않았다. 정답만을 맞추려는 게 아니라 학생이 틀린 답을 내더라도 왜 그런 답을 생각해냈는지를 귀 기울여 들었다. 학생들의 적극적 참여와 그 속에서 표현되고 있는 엄청난 다양성과 창의성에 나는 크게 감탄했다.

교사들에게 "어떻게 학생들이 이토록 자유롭고 편안하게 수업에 임할 수 있느냐"고 물었다. "우리는 무엇을 인위적, 강제적으로 가르친다는 생각을 하지 않는다"고 했다. 학생들을 계몽시키려고 노력하지 않고 성적 위주로 가르치지 않는다는 것이다. 독일 교육은 '학생 스스로 깨닫게 하라'는 철학에 기반하고 있었다.

또한 독일 교육제도는 기본적으로 패자부활전이 가능한 열린 시스템이다. 초등학교 4학년 때 인문계와 실업계를 선택하지만, 자유로운 전출입이 가능하다. 학기마다 심사를 거쳐 김나지움(인문계)과 레알슐레(실업계)로 전학할 수 있기 때문이다. 대학에서도 얼마든지 전과나 전학이 가능하다. 베를린 대학 의대를 다니다가도 프랑크푸르트 대학 의대로 전학할 수 있고, 또 언론학을 전공하다가 법학으로 전과할 수 있다. 이 같은 교육의 유연함이 독일 젊은이들로 하여금 다양한 경험을 쌓아가며 자신의 적성이나 취향을 계발할 수 있게 해주는 힘이다.

○ 창업은 인간 해방이다

"베를린을 유럽 창업의 메카로."

내가 독일 베를린 자유대에서 연수하는 동안에 앙겔라 메르켈 총리가 내건 슬로건이다. 기업을 창업해 운영하기 좋은 생태계를 구축해 유럽의 스타트업 메카로 거듭나겠다는 국가 전략이다. 베를린뿐만 아니라 도시별로 창업하기 좋은 환경을 만들며 창업 국가로 거듭나겠다는 계획을 세우고 있었다.

베를린은 동서 분단의 장벽이 있는 냉전의 상징이었다. 하지만 통일을 이루면서 서독에 있던 수도를 본에서 베를린으로 귀환한 이후 이곳은 창업의 메카로 부상하고 있다. 유망 IT 스타트업, 벤처캐피털 vc 등이 모여 '실리콘앨리Silicon Allee'로 불리며 유럽의 IT 허브로 부상한 것이다.

베를린에는 세계 유수의 기업들과 청년들이 몰려들고 있다. 많은 일자리와 낮은 임대료에 창업 생태계까지 갖췄기 때문이다. 내가 방문했던 베를린 창업의 상징 '더 팩토리the factory'의 경우 월 임대료가 50유로(약 6만 4,000원)에 불과했고, 개방적이고 자유로운 분위기는 청년들을 이끌기에 충분했다. 가난한 회색 도시 베를린이 젊음의 도시로 바뀔 수 있었던 것은 베를린 정부가 나서서 예술도시를 표방하며 젊은 층에게 매력적인 도시를 만들기 시작한 데다 훔볼트 대학교, 베를린 공대 등 우수한 대학이 있어 기업들이 찾기에도 좋은 곳이었기 때문이다.

베를린이 창업의 메카가 되어 전 세계 청년들이 모여들자 주택 임대료는 급등했지만, 더 팩토리의 사무공간 임대료는 여전히 50유로였다. 창업자들의 아이디어를 원하는 기업들에게는 비싸게 받더라도 창업을 준비하는 이들에게는 저렴하게 제공하는 것이다.

더 팩토리는 대학 캠퍼스 형태로 운영되고 있었다. 우리를 안내한 시몬 요하임 이사는 "현재 창업 공간인 팩토리에 2,000여 명의 창업가들이 입주해서 창업에 열중하고 있다"고 소개했다. 원래 더 팩토리는 기업가들이 손잡고 건물을 확보해서 지멘스, 구글 등 글로벌 기업의 지원을 받아 무너진 창고를 개조, 창업의 메카로 만든 것이다. 다른 유럽 지역의 IT 스타트업 수요를 끌어 모으며 음악 스트리밍 업체 '사운드 클라우드'나 파이어폭스 인터넷 브라우저로 유명한 '모질라' 등 유망 기업도 찾아들었다. 요하임은 "더 팩토리에 있는 창업자들은 함께 공부하며 공동 앱을 운영하고 상호 자문과 컨설팅 역할을 담당하면서 성공을 지원하는 게마인샤프트(공동사회)"라고 설명했다.

이제 베를린은 유럽에서 가장 활발한 IT 도시가 됐다. 스타트업이 모이자 벤처 자금 지원도 잇따르고 있다. 2017년 4월 미국 실리콘밸리의 조사전문기관인 스타트업게놈프로젝트는 베를린이 세계 도시별 스타트업 생태계 가운데 7위로 급부상했고, 독일 스타트업이 받은 투자 금액 중 63%가 베를린에 집중되었다고 밝혔다.

대표적으로 마이크로소프트의 공동 창업자 빌 게이츠는 베를린에 기반을 둔 과학자 지식 공유 서비스 '리서치게이트'에 3,500만 달러를 투자했다. 실리콘밸리의 유명 투자사 세콰이어캐피탈도 1,900만 달러를 독일 소프트웨어 개발 스타트업 기업 '6분더킨더'에 투자했다. 정부뿐만 아니라 대기업도 창업 지원을 아끼지 않고 있다. 독일 대표 IT 기업 SAP의 공동창업자 하소 플래트는 사재를 털어 베를린 근교 포츠담에 기업가 양성 학교를 설립했다. 그는 "실리콘밸리만이 답은 아니다"며 벤처 업계를 후원하고 있다.

베를린뿐만 아니라 구동독 도시 드레스덴은 지방정부와 산학연의 긴밀한 협조로 창업하기 좋은 생태계를 만들었다. 독일의 유명 공과대학인 드레스덴 공대를 비롯해 다양한 기초 연구소, 다국적 대기업과 관련 중소기업, 스타트업이 모였다. 우수한 연구 인력을 대거 확보한 것도 장점으로 작용했다. 드레스덴 공대와 함께 단일기관으로 세계 최다 노벨상 수상자를 배출한 막스플랑크 연구협회, 독일 내 최다 특허를 보유한 프라운호퍼 연구협회 등이 위치해 기업에 우수한 인재를 공급할 수 있었다.

독일 창업의 대부인 귄터 팔틴 기업가재단 회장은 세계적 베스트셀러인 자신의 저서 《아이디어가 자본을 이긴다》에서 "창업은 인간 해방"이라고 했다. 창업을 통해 자신의 역량을 펼치는 것이 정치적 민주화 이후의 진정한 인간 해방이라는 것이다. 그는 기업가재단을 만들어서 독일 및 유럽 창업의 '구루' 역할을 담당하고 있다.

독일의 정치인과 기업가들은 "미국의 창업 열기가 뜨겁다"고 평가하면서 "캐피털이 풍부한 미국과는 다른 독일식 창업모델을 만들고 있다"고 설명한다. 미국은 민간 캐피털이 창업 자금을 주도한다면 독일은 정부, 지방정부, 대기업 및 중소기업, 창업캐피털이 연합하는 형태로 창업문화를 만들어가고 있다.

창업은 실패에 대한 두려움이 없어야 성공할 수 있다는 점을 독일 정부는 잘 알고 있다. 따라서 실패를 용인하는 제도를 도입했다. 창업하는 청년이 실패를 두려워하지 않도록 회사가 문을 닫아도 3년치 월급을 정부가 주는 것이다. 독일 기업들도 청소년 창업을 돕는 데 적극적이며, 대졸이 아닌 고졸 출신들도 창업에 많이 나서고 있다. 일찍부터 마이스터, 즉 장인 수업을 받은 이들은 전문성을 갖춰 그만큼 성공 확률이 높다.

미국에서는 고졸 출신이 IT 창업 성공신화를 써내려가고 있다. 애플의 스티브 잡스, 페이스북의 마크 저커버그, 마이크로소프트의 빌 게이츠 모두 고졸 혹은 대학 중퇴자들이다. '창업이 인간 해방'이라는 모토 하에서 독일같이 한국도 창업의 천국이 되도록 추진해야 한다.

청년이 '도전'할 수 있는 사회

○ 헝그리 정신이 없다고?

"우리는 단순히 지원이 필요하거나 일자리가 필요한 것이 아닙니다. 저희가 마음 놓고 도전하고, 도전하면 성공할 수 있다는 믿음이 있는 사회를 원합니다."

몇 년 전 한 대학의 강연이 끝나자 나에게 한 청년이 다가와 한 말이다. 순간 부끄러워졌다. 우리 사회는 청년의 실패를 허용하고 있는가, 올바르게 열정을 갖고 도전하면 성공할 수 있는가 반성하지 않을 수 없었다.

일각에서는 "개천에서 용이 나지 않는다"고 탄식한다. 하지만 요즘은 "흙수저는 절대 금수저가 될 수 없는 세상"이다. 올라갈 사다리가 없기 때문이다.

지난 해 한국 경제는 3년 만에 3% 경제성장률을 회복했다. 수출은 역대 최고치였다. 정부는 올해도 3% 성장률에 1인당 소득 3만 달러를 예상하고 있다. 얼음장이었던 경제에 지표상으로는 온기가 느껴지는 듯하다. 하지만 한국 청년들에 국한하면 사정은 딴판이다. 통계청이 내놓은 2017년 고용동향에 따르면 청년층(15~29세)의 실업률은 9.9%, 체감실업률은 22.7%로, 새 방식으로 통계를 구한 2000년 이후 최악이다. 전체 실업률은 3.7%로 전년과 같고 청년 실업률만 높아졌다. 뜻은 있지만 취업을 못해 구직을 포기한 이들까지 감안하면 청년 고용 상황은 훨씬 심각할 것이다. 실업률뿐인가. 청년들의 소득 증가율은 전체 연령대 중 가장 낮고 가처분 소득은 3년 연속 감소하고 있다. 오죽하면 한국 청년은 '3포', 취업, 연애, 결혼을 포기한 세대라는 말이 나올 정도다.

일각에서는 청년들을 "도전정신이 부족하다"고 질타하기도 한다. 기성세대 같은 '헝그리 정신'이 부족하다는 것이다. "우리는 과거 보릿고개에 먹고 살 것이 없어서 꿈이니 뭐니 꿀 수도 없었다. 요즘 애들은 너무 풍족하게 산다. 풍족하게만 살다보니 힘들고 어려운 일을 안 하려고 하는 것"이라고 말한다. 몇 년 전 지금 자유한국당의 전신인 새누리당 시절 당 대표였던 김무성 의원도 "청년들이 너무 쉬운 일만 선호하는 것도 큰 문제"라고 발언해서 청년들의 공분을 산 적이 있다.

우리 청년들이 과연 그런가. 3포가 헝그리 정신의 부족 때문인가. 중소기업에 가지 않으려 하고 창업에 잘 나서지 않는 것 역시 힘들고 어려운 일을 피하려는 것인가.

단연코 아니다. 각 시대마다 세대가 짊어지는 '십자가'가 있다. 나 역시 50년대 말에 태어나 보릿고개와 가난을 겪은 기성세대다. 하지만 솔직히 요즘 청년들이 진 삶의 무게가 훨씬 더 무겁다고 생각한다. 우리 청년들은 '다포세대'를 넘어 '부모세대보다 못사는 첫 세대'가 되고 있다. 영어는 기본이고, 제2외국어, 각종 자격증 등 스펙에 스펙을 더하고, 좁은 고시원에서 취업준비에 몇 년 동안 인고의 세월을 보내고 있다. 낮에는 공부로 저녁에는 아르바이트로 그리고 아르바이트가 끝나면 또다시 공부로, 24시간을 다 써도 모자라는 시대를 살고 있다.

청년들이 공무원 시험이나 공기업, 대기업으로 몰리는 것은 사실이다. '공시족(공무원 시험을 준비하는 사람들)'이 넘쳐나고 중소기업은 적절한 인재를 찾아서 헤맨다. 통계청 2017년 사회조사에 따르면, 청년(13~29세)들이 선호하는 직장은 국가기관(25.4%), 공기업(19.9%), 대기업(15.1%) 순으로 나타났다. 같은 조사에서 수입(39.1%)과 안정성(27.1%)을 직장 선택의 우선순위로 꼽았다.

우리 청년들이 이 같은 생각을 하게 된 것은 입시 경쟁과 취업 경쟁이라는 열악한 레드오션에서 살고 있기 때문이다. 이들은 획일적 경쟁을 강요받는 환경에 놓여 있다. 어려서부터 대학입시를 향해 사교육까지 총동원해가며 '좋은 대학'을 두고 경쟁을 한다. 다른 생각을 할 여유는 주어지지 않는다. 취업 경쟁도 마찬가지다. 좋은 직장을 쟁취하기 위해 스펙 경쟁에 매몰된다. 모두 같은 파이를 놓고 다투다 보니 경쟁은 극도로 격화되고, 모두 같은 기준으로 바라보다 보니 경쟁에서의 패배감은 더욱 크다. 취업 경쟁에 나서는 순간 청년들이 감당해야 할 무게감은 과거와는 상상을 초월할 정도로 크다.

이 같은 획일적 경쟁에서는 가진 자원을 많이 투입하는 쪽이 승리할 가능성이 높다. 그러니 "할아버지 재력이 손자의 미래를 결정한다"는 말이 유행한다. 재력과 사회적 지위에 의해 승리자와 패배자가 결정되는 것이다. 흙수저 청년은 스펙 경쟁을 위한 학원 수강 하나도 고민해야 하고, 아르바이트에 매이는 등 불평등 구조에서 경쟁한다. 해외유학과 해외연수 등 값비싼 경험은 언감생심이다. 취업이나 인턴십도 연줄이 작용하는 사회다. 취업 비리가 진동하는 이유이기도 하다. 단군 이래 최대의 스펙을 가진 한국의 청년들이 '상명 하복에 영혼이 없어야 한다'는 공무원으로 몰리는 이유는 직장의 안정성 때문이다. 그래도 공무원 시험이 공정하기 때문이다.

창업도 마찬가지다. 청년들이 적극 창업에 나서야 하지만 우리는 패자부활전이 없는 나라다. 창업에 실패하면 재기할 용기나 자본을 복구하기가 어렵다. 따라서 패자부활전이 가능하도록 제도적 장치를 만드는 것이 우선되어야 한다.

두 번째, 자유롭고 다양한 창업 문화 형성이 필요하다. 우리 청년들이 창업에 실패하는 이유로 유행하는 아이템에 집착하는 경향을 꼽을 수 있다. 현재 유행하는 아이템은 이미 레드오션 시장이 될 가능성이 높다. 보다 자유롭고 다양한 창업이 이뤄져야 한다. 그럼에도 창업의 다양성을 확보하지 못하는 것은 결국 획일적 경쟁 시스템의 산물이다. 베를린 더 팩토리의 시몬 요하임 이사는 "창업자에게 있어서 가장 중요한 것은 사회를 이해하는 눈"이라며 "페이스북의 창업자인 마크 저커버그도 전공이 심리학"이라고 강조했다. 우리도 어렸을 때부터 오직 좋은 대학만을 목표로 공부하고, 정답을 찾아내는 데만 익숙한 교육 대신 보다 창의적이고 다양한 시각을 갖출 수 있는 커리큘럼을 개발해야 한다.

마지막으로 성공에 대한 믿음이다. 우리 기업생태계는 철저한 대기업 중심 구조다. 대기업은 중소기업을 키우는 데 인색하다. 아이디어만 뺏거나 제대로 된 인수합병 대신 중소기업을 저렴하게 인수하여 이익만 보려고 한다. 손쉽게 이익을 얻으려는 확장적, 수탈적 관행을 반복하고 있다. 청년들의 창업 의욕은 떨어질 수밖에 없다.

결국 청년들이 도전할 수 있는 기반을 만드는 핵심은 스스로 미래를 준비하는 데 집중할 수 있는 사회, 도전의 노력이 빛을 발할 수 있는 공정한 사회에 있다.

○ 청년을 위한 일자리혁명

한국 경제는 과거 압축성장에 의한 양극화 구조를 안고 왔음에도 높은 성장률로 인해 양극화가 두드러지지 않았다. 높은 성장률이 양질의 일자리를 지속적으로 만들어냈기 때문이다. 하지만 저성장 국면으로 들어서면서 양극화 구조가 드러났고 고착화되었다. 때문에 보수진영에서는 여전히 성장우선주의를 고집하기도 한다. 소득주도 성장론을 흔들고 기업에 대한 이윤극대화를 유도하도록 정책을 바꿔야 한다고 주장한다.

한국은 통일로 새로운 기회를 맞이하지 않는 이상 과거 개발도상국 시절의 높은 성장률을 지속하기 어렵다. 경쟁을 통한 이윤극대화 방식, 신자유주의에 의한 낙수효과는 더 이상 일어나지 않는다. 성장이 지상 최고의 선善이 되는 시대를 이제는 벗어나야 한다. 성장 일변도 대신 국민의 삶의 질이 함께 고려되어야 한다. 독일도 지난 해 경제성장률이 2.2%로 6년 만에 최고치를 기록했다. 성장률이 너무 낮다고 느끼겠지만 신흥개발도상국이 아닌 이상 지속적인 고도성장은 어렵다.

한국 경제의 내수비중은 갈수록 낮아지고 있다. 국회예산정책처의 '내수 활성화 결정요인 분석' 보고서에 의하면 1996년부터 2015년까지 한국의 평균 GDP 대비 내수 비중은 61.9%로 미국 88%, 일본 84.8%에 비하면 너무 낮다. 게다가 1996~2005년 10년간 평균 내수비중은 70.1%에서 이후 10년인 2006~2015년 평균 내수비중은 56%로 14% 이상 감소했다.

이에 대해 고착된 양극화 구조를 깨고 총수요를 진작시키는 마중물로서 국민 개개인의 소득을 증대시키겠다는 것이 소득주도 성장론이다. 흔히 임금주도 성장론과 같은 것으로 알려져 있지만 이와는 다른 개념이다. 서구 사회와 달리 우리나라는 복지 등 사회안전망이 부족하기 때문에 임금 외에도 복지를 통한 소득증대가 함께 진행되어야 하기 때문이다.

청년들이 원하는 일자리를 만들기 위해서는 먼저 소득주도 성장을 통해 한국 경제의 수레바퀴를 굴리고 일하는 청년에게는 임금상승을, 일하지 못하는 청년에게는 도전할 수 있는 여유를 주어야 한다.

청년들이 가고 싶어 하는 일자리는 따로 있다. 안정적이고 수입이 좋은 직장이다. 혹은 꿈이 이뤄지는 일자리다. 이런 일자리 마련을 위해서는 일자리 나누기, 4차 산업혁명, 중기업, 혁신창업의 네 가지가 가장 핵심이 될 수 있다. 질 좋은 일자리를 당장에 많이 만들어낸다는 것은 불가능하다. 신자유주의를 옹호하는 이들은 노동시장 유연화를 통해 일자리를 창출할 수 있다고 하지만 열악한 미니 잡을 양산할 뿐이다. 미니 잡 등의 부실한 일자리를 양산하지 않으면서 일자리를 만들 수 있는 방법이 노동시간 단축을 통한 일자리 나누기다. 소득주도 성장을 통해 단기적인 경기부양과 청년층 위기 해소에 나서고, 일자리 나누기를 통해 일자리 창출에 나선다면 단기적인 문제는 해결해나갈수 있을 것이다.

장기적으로는 4차 산업혁명을 통해 신성장 동력 육성에 나서야 하며, 그 핵심적 주체는 중기업과 혁신창업이다. 4차 산업혁명은 위기이자 기회다. 새로운 영역의 일자리가 창출될 수 있다. 대기업의 고용율은 점점 줄어들고 있다. 국민경제 전체에서 차지하는 일자리의 비중도 극히 적다. 새로운 좋은 일자리를 창출할 실질적인 여력이 없다. 대신 지멘스나 BMW 등의 대기업이 4차 산업혁명을 선도한 것처럼 한국 대기업은 4차 산업혁명의 선두주자 역할을 해주면 된다.

일자리 창출의 핵심은 중소기업이다. 작은 조직으로 개방성과 융복합에 탁월한 역량을 보일 수 있고 노동과 자본 등 요소의 투입에 의해 생산성이 크게 증가할 수 있는 것은 대기업이 아니라 중소기업이다. 특히 중기업의 총요소생산성 증가효과는 가장 크다. 창업 또한 생계형 창업이 아닌 기술과 아이디어 중심의 기회형 혁신창업이 이뤄지도록 해야 건실한 중기업, 중견기업으로 성장할 수 있다.

이를 위해서는 산업생태계의 혁신이 필요하다. 그리고 장기적인 관점에서 산업생태계 혁신은 세 가지 측면에서 이뤄져야 한다.

우선 중소기업을 약탈하는 재벌과 기득권의 카르텔 구조를 없애야 한다. 문재인 정부의 핵심 경제 정책 중 하나인 공정경제다. 중소기업이 제대로 성장하기 전에 대기업이 자본권력을 앞세워 중소기업의 아이디어를 뺏거나, 중소기업이 진입할 수 있는 시장인데도 대기업이 선점해 진입장벽을 치려 해서는 안 된다. 창업에 있어 공정한 시장은 사회적 안전망과 함께 특히 중요하다. 이 두 요소는 창업가가 생계형 창업보다 기회형 창업에 뛰어들 수 있도록 만들고 창업 성공의 핵심인 '기업가 정신'이 가능하도록 한다.

두 번째 청년과 기업현장의 일자리 미스매치 문제를 해결해야 한다. 청년들이 원하는 일자리는 높은 교육과 취업에 대한 투자를 보상받을 수 있는 일자리다. 반면, 인재부족에 시달리는 중소기업은 청년들에게 일자리에서 필요로 하는 스킬이 부족하다고 지적한다. 이 같은 수요자와 공급자의 미스매치를 해소하기 위해서는 결국 교육 시스템의 변화가 핵심이다. 독일 미텔슈탄트 대학처럼 전문대학을 중심으로 기업과 강력하게 연계하여 직업훈련을 시키고, 대학의 산학협력 시스템 역시 기업과 강력하게 연계되도록 하여 산업현장에서 원하는 인재를 공급한다면 미스매치 문제는 조금씩 해소될 것이다.

마지막으로는 이미 강조한 바 있는 과학기술체제 혁신이다. 청년들이 원하는 양질의 일자리를 많이 만들기 위해서는 결국 중소기업이 성장하지 않으면 안 된다. 하지만 중소기업들이 기술혁신을 통해 생산성을 높이고 성장하기에는 기술혁신에 투자할 여력이 없다. 국가가 적극적으로 나서야 한다. 독일의 프라운호퍼 연구협회처럼 중소기업에 바로 쓰이고 도움이 될 수 있는 기술을 개발할 수 있도록 기초연구와 수요자 중심의 연구 체계를 만드는 것이 필요하다.

위 세 가지 혁신이 일어난다면 한국경제는 또 다시 도약할 수 있을 것이며, 청년들이 원하는 새로운 일자리들이 만들어질 것이다. 중소기업은 강소기업으로 거듭나고, 창업은 활발해질 것이다. 청년들의 창업을 위해 기본적으로 창업친화적인 공간을 만들어주고, 재도전이 가능한 구조를 만들 수 있도록 정직한 실패에 대해서는 적극적인 채무조정을 해주는 것도 필요하다. 좋은 아이디어로 창업을 해나가는 청년들에게는 독일처럼 국가가 일정기간 동안 창업수당을 지급하는 방안도 적극적인 고려가 필요하다.

덧붙여 4차 산업혁명에 대응하기 위한 교육 시스템을 확립하고 지역 인재들이 자신의 지역에서 일자리를 찾을 수 있도록 지역 거점 중심의 성장이 이뤄지도록 만드는 것도 우리 청년들이 마음 놓고 도전하는 사회를 위해 꼭 필요한 일이다. 독일처럼 지역에서부터 지역기업과 지방정부, 키다리 아저씨 역할을 할 지역금융, 그리고 대학이 함께하는 강력한 거버넌스 체계를 구축하고 확산해간다면 우리 청년들이 높은 비용을 감당하면서도 서울로 갈 수밖에 없는 일은 사라질 것이다.

○ 등록금 없고 아르바이트 필요 없는 학생 천국

"현재 일곱 살 이하의 어린이가 사회에 나가 직업을 선택할 때가 되면 65% 직업이 현재는 존재하지 않는 일자리일 것이다."

세계경제포럼의 보고 내용이다.

4차 산업혁명은 무차별적으로 세상을 바꿔나갈 것이라고 사람들은 이야기한다. 때문에 교육도 지금의 모습이 아닐 것이라 예측한다. "학교 선생님은 더 이상 선생님이 아니라 코치, 도우미의 역할을 하게 되고, 교과서는 사라질 것이다. 학교 공간의 경계도 사라져 언제 어디서나 화상으로 수업이 이뤄질 것이다"와 같은 상상도가 그려지고 있다. 미래 교육상을 정확히 예측할 수는 없지만 적어도 지금처럼 입시를 위해 국영수 교과서 외우기에 매달리고, 대학에 진학해서도 공무원 시험을 준비해야 하는 모습은 아닐 것이다. 학생들은 보다 자유롭고, 보다 더 창의적으로 교육받아야 함이 분명하다.

　프랑스에는 실제로 선생님도 없고, 학비도 없고, 대학 졸업장도 없는 학교가 있다. 프랑스 최대의 스타트업 캠퍼스 '스테이션F'를 설립한 그자비에 니엘이 만든 IT 기술학교 '에콜42'다. 만 18세에서 30세 사이의 청년이라면 누구나 지원할 수 있는 이 학교는 1,000명 정도 선발에 7만 명이 몰린다. 학교 로비에는 스케이트보드가 즐비하고 게임을 위한 공간, 대화를 위한 공간 등 청년들이 자유롭게 소통하고 공부할 수 있도록 꾸며졌다. 이 학교의 공동설립자인 니콜라 사디학은 "우리는 학생들이 지식을 얻어나가길 바라지 않습니다. 정보가 필요할 때 인터넷에 있는 정보를 검색해서 얻는 능력을 키우기를 바랍니다"라고 인터뷰에서 밝혔다.

　한국의 현실과 너무 거리가 먼 이야기라고 생각하겠지만 실제 전세계 현장에서 이런 일이 일어나고 있다. 반면 우리 아이들은 입시경

251

쟁에 시달리고 대학생은 등록금과 생활비 마련을 위해 미래보다 아르바이트에 매달리고 있다.

40여 년 전 나는 대학등록금 28만 3,000원이 없어 국민대학교 어문계열에 합격하고도 진학하지 못하고 2년간 농사를 지었다. 40년이 지난 지금 대학등록금은 20배가 넘게 뛰었다. 2018년 4년제 대학 평균 등록금은 671만 원 정도인데, 사립학교 이공계나 의대 계열은 1,000만 원이 넘는다. 지방에서 서울로 진학한 학생일 경우 주거비, 생활비까지 합해 2,000만 원이 필요하다. 이 비용을 충당하기 위해 청년들이 아르바이트에 매달릴 수밖에 없는 현실이다. 전문성을 키우고, 창의적이고 다양한 활동을 해야 하는 시간을 아르바이트로 보내다 보면 취업 전쟁에서 패배자가 될 가능성이 높고 결국 양극화를 더욱 심화시키게 된다.

나는 공부를 잘하는 편은 아니었다. 하지만 역사 등에 관심이 많았고 책을 읽는 것을 즐겨해 상식은 풍부한 편이었다. 우연히 출연한 〈장학퀴즈〉에서 2등을 하기도 했다. 〈장학퀴즈〉를 출연할 정도의 아이들은 대부분 꿈이 판사, 검사 등이었다. 하지만 나는 장래 스포츠 해설가가 되는 것이 꿈이라고 말했다. 당시 사회를 봤던 차인태 아나운서는 "〈장학퀴즈〉에 출연한 학생이 체육학과 쪽으로 진학하겠다고 말한 것은 처음"이라고 했다. 나는 씨름, 축구, 배구, 복싱 등 운동을 좋아했고, 당시 전설적인 배구 경기 해설가였던 오관영 해설가처럼 되고 싶었던 것이다. 이후 사회적 불공정을 바로잡고 싶다는 열망이 강해 결국 정치인의 길을 선택했지만.

요즘 학부모들에게 아이들이 어떤 꿈을 가졌으면 좋겠냐고 물어보면 '교사'나 '공무원'이라는 대답이 제일 많다고 한다. 아이들이 장래 희망으로 꼽는 직업은 20개가 채 되지 않는다고 한다. 한국고용정보원의 직업사전에 등록된 직업의 개수가 1만 2,000개에 달하는 것에 비하면 아이들이 희망하는 직업의 다양성이 너무도 부족한 것이다. 직업사전에 등록된 직업의 개수가 2003년 8,000여 개였던 것에 비하면 직업의 분화속도도 아주 빠르다는 것을 짐작할 수 있다. 그 만큼 우리 아이들이 다양한 직업에 대해 체험도 못하고 있고, 부모들도 획일화된 경쟁을 사실상 강요하고 있다는 방증이다.

우리 아이들이 개방성, 융복합성, 빠른 변화의 시대인 4차 산업혁명 시대를 주도하고, '꼴찌여도 행복하게' 자라날 수 있으려면 획일화된 경쟁의 틀을 벗어나 다양한 재능을 키우고 사회를 이해하는 눈을 길러주는 것이 가장 중요하다. 극단적인 입시 경쟁과 취업 경쟁 대신 성적이 나빠도 불행하지 않은 교육, 창의성과 인성을 키우는 교육이다.

그렇다면 이러한 교육은 어떻게 실시할 수 있는 것일까.

문재인 정부는 '국가교육회의'를 통해 대학입시제도에 관한 공론화에 나섰다. 우리 교육 문제의 핵심에 있는 대입 시스템에 대해 사회적 합의를 도출해내는 것은 아주 중요하고 필요한 과정이다. 그동안은 이런 과정이 사실상 생략되었다. 그러나 과연 대입제도의 조정

만으로 획일화된 입시 경쟁이 사라질 것인가. 나는 궁극적으로 취업 경쟁과 입시 경쟁의 연결고리를 지닌 대학 교육이 바뀌지 않으면 입시제도의 개편이 우리 교육을 확실하게 바꿔놓기 어려울 것이라고 생각한다.

초중등 교육의 문제는 대학 서열화에 따른 무한 입시 경쟁에서 출발한다. 대학이 모두 에콜42와 같다면, 우리 사회에 획일적 입시 경쟁은 존재하지 않을 것이다. 반드시 에콜42와 같은 모습은 아닐지라도 4차 산업혁명 시대에 맞는 좋은 인재를 육성하고 다양성과 창의성을 기르는 초중등 교육을 위해서는 다양성을 갖춘 대학 교육과정으로 혁신해야 한다. 대학 교육이 다양해지면 초중등 교육도 다양해진다.

우리의 대학 교육은 우리 산업이 가진 다양성을 반영하지 못하고 있다. 전문가들은 대학의 교육과정이 지나치게 산업의 유행에 민감하며, 그러면서도 정작 산업의 경험은 대학으로 이어지지 못하고 대학은 산업을 뒷받침하지 못한다고 지적한다. 조선해양산업이 세계 1위를 기록하자 앞다퉈 대학들은 관련학과를 설립했으면서도 현장의 경험이 있는 교수진도, 제대로 된 한국어 교재도 여전히 부족한 것이 단적인 현실이다.

각 대학들이 잘 할 수 있는 분야별로 특성화하는 교육과정의 혁신이 필요하다. 유행에 따라 들쑥날쑥할 것이 아니라 각 대학의 특성에 따라 전문화된 교수진과 교재를 확보하고 이들의 경험을 지속적으로 축적해 산업현장이 요구하는 전문화된 인재를 양성할 수 있도록 시스템을 바꿔야 한다. 그러면 획일적인 취업 경쟁도 줄어들 것이고 우리 청년들도 자신의 재능을 발견하고 전문성을 키우는 데 집중할 수 있다.

특히 지방 학생이 해당 지역에서도 좋은 교육을 받고 좋은 일자리를 얻을 수 있으려면, 대학은 해당 지역이 가진 자원을 극대화하는 방향으로 특성화되어야 한다. 해당 지역의 산업계와 지방정부, 연구기관, 금융에 이르기까지 지역사회 전체가 대학의 특성화를 위해 힘을 모아야 하는 이유다. 정부는 현재 대학구조조정과 함께 대학재정지원사업을 실시하고 있다. 이 두 사업의 다변화를 통해 대학의 특성화를 유인하면서 지역과 국가 전체의 힘을 모으는 노력이 절실하다.

대학 교육의 다양화와 함께 반드시 추진해야 할 것은 교육의 공공성을 담보하는 일이다. 그동안 우리나라의 대학들은 미국식 교육 시스템을 주장해 왔다. 대학의 자율성, 학생선발의 자율성을 강조한다. 하지만 미국처럼 진정하게 학생 개개인의 특성을 반영하기보다 수능, 논술 등 획일적인 기준을 높게 반영해 선발한다. 정작 중고교 학교 교육이나 수능, 입시제도 등을 미국식으로 개혁해야 한다는 이야기는 하지 않는다.

미국은 고등 교육을 국가경쟁력 강화 차원의 인재양성보다 개개인의 기회 확대로 인식하는 경향이 강하다. 미국은 자원이 풍부하고 국가 규모나 인구 수준이 우리나라와는 비교가 되지 않는다. 하지만 우리나라는 인재 자체가 자원이다. 국가가 고등 교육 지원에 적극적으로 나서야 하는 이유이다. 독일이 500유로 정도에 불과한 대학등록금 제도 도입을 시도했다가 결국 폐지한 것은 금액이 문제가 아니었다. 대학 등록금의 개인 부담이 독일 사회의 근간인 사회연대주의, 사회통합모델을 위협하는 교육 기회의 불평등으로 인식했기 때문이다. 독일의 등록금제도 도입은 대학 교육의 질적 향상은 담보하지 못한 채, 저소득층 출신 학생이나 여학생의 학업 중도포기 비율을 높이고, 지방정부가 대학재정에 책임을 떠넘기려는 경향을 보이는 부작용만 낳았다.

우리 역시 이러한 차원에서 등록금 문제를 인식해야 한다. 대학등록금을 현실적으로 폐지할 수 없다면 대학등록금 부담을 확실하게 줄여 청년들이 학비 마련을 위한 아르바이트 대신 미래를 위한 준비에 매진할 수 있도록 해주자. 우리 사회에서 청년들이 사회로 진출하기 전까지는 최소한 출발선을 같게 만들어주어야 한다.

박근혜 정부는 당시 야당이 선거에서 내걸었던 반값등록금 공약에 대해 국가장학금 도입으로 맞받았다. 이에 따라 지원되는 2018년 국가장학금 예산은 3조 6,845억 원이다. 하지만 국가장학금 제도는 교육의 공공성을 확보한다기보다 교육에 대한 수익자 부담 원칙 아래 정부의 지원을 늘리는 방식이며, 높은 등록금 구조를 용인하면서 대학들의 등록금 의존 구조를 심화시킬 뿐이다.

보다 근본적 대책으로 교육의 공공성 차원에서 대학등록금 무료화를 위한 정책 목표를 갖고 추진해나가야 한다. 현재 대학과 전문대학의 등록금 수익은 약 13조 원이다. 2014년 도종환 국회의원과 대학교육연구소는 '반값등록금 시행 방안 연구'를 통해 반값등록금을 시행할 경우 소요될 예산을 추정했다. 학령인구 감소에 따른 정부의 입학정원 감소 계획을 반영해 계산한 결과 2023년이면 대학 재학생이 134만 명으로 감소하고 대학의 등록금 수입도 8조 2,000억 원 수준으로 감소할 것이라고 예측했다. 이에 따라 반값등록금을 시행할 경우 정부가 4조 1,000억 원만 추가로 부담하면 되고 현재 지급하는 국가장학금 예산을 고려하면 정부가 추가로 부담할 예산은 5,000억 원이 채 되지 않아 반값등록금 실현이 충분히 가능하다고 보았다.

이 시뮬레이션을 따를 경우 대학등록금을 전면 폐지하고 국가가 부담할 경우 정부의 부담은 약 4조 5,000억 원 수준이 되는데 2022년까지 국가장학금을 1조 원 더 추가로 늘린다는 정부방침을 반영하면 추가로 부담할 예산은 약 3조 5,000억 원이다. 도종환 의원의 연구는 2014년부터 등록금 동결이 이뤄지는 것을 전제로 하고 있는데 2018년 4년제 사립대학의 경우 2014년 대비 8만 원 정도 상승했지만, 고액 등록금을 낮추고 무료화할 경우 다소 상승하더라도 4조 원을 넘지 않을 것으로 생각한다.

대한민국은 고등 교육에 대한 정부 부담 비율이 지극히 낮은 나라다. OECD 국가들은 정부와 민간이 평균적으로 7:3의 비율로 부담

	재학생수		등록금 수입 (등록금 동결 가정)	
	2014년	**2023년**	**2014년**	**2023년**
대학	158만 명	107만 명	10조 4,012억 원	6조 6,305억 원
전문대학	47.8만 명	27.4만 명	2조 8,265억 원	1조 6,057억 원
계	206만 명	134만 명	13조 2,277억 원	8조 2,362억 원
국가장학금 예산 (2022년 목표치 = 2018년 3조 6,845억 원 + 1조원)				약 4조 7,000억 원
부족액				약 3조 5,000억 원

도종환, 대학교육연구소 '반값등록금 시행 방안 연구' 시뮬레이션을 이용한 등록금 폐지 시 국가 부담 예산 추정 결과

한다. 우리나라는 정반대로 정부가 34%, 민간이 66% 정도를 분담한다. 고등 교육에 대한 정부 예산은 2016년 기준 약 14조 원으로 학생 1인당 고등 교육 공교육비는 OECD 국가 평균의 60%에 불과하다. 독일은 연방정부와 지방정부가 고등 교육에 약 286억 유로(약 37조 원)를 지출한다. 우리나라는 고등 교육 공교육비 규모도 작은데 정부 부담 비율조차 낮은 구조인 것이다. 우리나라가 이 수치만 OECD 평균 수준으로 끌어올려도 대학등록금을 없앨 수 있을 것이다. 특히 사립대학 운영의 투명성을 높이고 수입 구조의 취약성을 극복해 기본적으로 높게 등록금이 책정되어 있는 부분을 낮춘다면 크게 예산을 들이지 않고도 가능해진다.

우리나라의 사립대학은 등록금 의존율이 극히 높다. 사립대학이

대학 운영을 위해 기본적으로 확보하도록 하고 있는 수익용 기본재산 확보율을 보면 법적 기준인 100% 이상인 곳은 326개 대학 중 82개에 불과하다. 전체 사립대학의 75%에 달하는 대학이 법적 기준을 충족하지 못하고 있고 수익용 기본재산 확보율이 10%도 안 되는 학교도 66개(전체 사립대학의 20%)나 된다. 결국 등록금 의존율이 높아 사립대학들이 가계로 부담을 전가할 수밖에 없는 구조다. 이러한 사립대학 구조를 바꾸고 투명하게 운영되도록 만든다면 정부 예산을 등록금 폐지와 대학 경쟁력 향상에 투입할 수 있다.

○ '3포'에서 '3보'의 나라로

"단체미팅 시켜주고 임신비 지원할 테니 결혼하고 애 낳으라고?"
2015년 10월 박근혜 정부는 2016년부터 2020년까지 시행될 3차 저출산·고령사회기본계획을 발표했지만 청년들의 반응은 냉랭했다. 청년들의 '비혼'과 '출산 기피' 문제를 해소하겠다는 대책이었지만, 정부가 저출산 원인을 제대로 짚지 못했다는 비판이 거셌다. 일본 정부가 '마치콘'이라는 정책으로 지역에서 100명 이상 남녀의 미팅을 추진하며 100억 원 이상을 지원해 황당한 저출산 정책이라는 비판을 받았던 것과 유사하다. 당시 청년층 주거부담을 줄이기 위해 전세자금 대출 한도를 늘리겠다는 것 역시 빚만 늘리는 길이라는 비판이 이어졌다.

정부는 2001년 초저출산국가로 진입함에 따라 2006년부터 매 5년마다 저출산·고령사회기본계획을 수립해 추진하고 있다. 하지만 10년간 100조 원 넘는 예산을 쓰고도 여전히 17년째 초저출산국가라는 오명에서 벗어나지 못하고 있다. 앞에 소개한 정책은 비록 핵심 대책이 아니었다 할지라도 정부가 청년들의 현실을 너무나 모른다는 비판을 받아 마땅한 것이었다. 현상이 문제가 아니라 왜 그런 현상이 벌어질 수밖에 없었는지를 보지 못했다.

지난 4월 국민권익위원회와 기획재정부, 저출산위원회가 공동으로 실시한 대국민 설문조사에서 국민 2만 8,736명은 저출산의 가장 큰 원인으로 독신자 증가(27.3%)를 꼽았다. 이어 기혼자의 출산 기피(23.2%), 한 자녀 위주의 출산(16.6%), 난임자 증가(10.4%) 등의 순이었다. 독신자의 증가 이유로 '주택 마련 등 과다한 결혼 부담으로 인한 결혼 포기'가 43.8%로 가장 많은 비중을 차지했고, '취업 준비·직장생활 등으로 적정 결혼연령 경과'가 28.1%, '결혼 생활을 유지할 양질의 직장이 부족하다'는 의견이 18.8%였다. 기혼자의 출산 기피 원인으로는 84.4%가 '경제적 부담 때문'이라고 답했다. 청년들이 결혼과 출산을 '포기'하는 이유는 일자리와 경제적 부담이 가장 컸다.

저출산은 교육·취업의 획일적 경쟁구조와 사회적 안전망의 부족, 그리고 가부장적 문화가 결합된 문제의 산물이다. 저출산 극복을 위해서는 첫째 일자리혁명을 일으켜야 하고 두 번째로 사회적 안전망을 강화해야 한다.

청년들이 두려움 없이 도전하고, 행복한 가정을 꾸릴 수 있도록 최소한 기초 주거부담은 덜어주어야 한다. 청년들의 주거부담을 줄이기 위해 공공 임대주택, 기숙사 등을 대폭 확대하고, 전세자금 등 주거를 위한 비용을 줄일 수 있도록 지원해야 한다. 우리나라가 17년 동안 초저출산국가라는 위기를 생각한다면 신혼부부들에게 공짜로 주택을 나눠줘야 한다는 이야기가 나올 정도로 주거에 대한 청년층의 부담 해소와 지원 필요성은 크다.

이런 차원에서 경남도지사 시절 국유지나 공유지에 저렴한 임대주택 및 기숙사를 지어 공급하는 정책을 추진한 적이 있다. 현재 국토부와 서울시, 경기도 등에서도 국유지 및 공유지를 이용하는 방식으로 청년층을 위해 저렴한 임대주택 공급을 확산시켜가고 있다. 과거 박근혜 정부 당시 추진한 '뉴스테이 사업' 역시 비슷한 취지로 추진되었지만, 결과적으로는 보증금과 임대료가 기존 주택과 차이가 없거나 오히려 높은 민간임대주택이 되었다.

대한민국은 주택공급률이 100%가 넘은 지 몇 년이 지났다. 기본적으로 이렇게 집 구하기가 어렵고 높은 비용을 치러야 하는 것 자체가 말이 안 된다. 문제는 부동산이 투기의 대상이라는 점이다. 부동산이 투자의 수단이 아닌 거주의 수단이 될 수 있도록 정책 패러다임을 확고하게 전환하고 저렴한 임대주택의 보급을 크게 늘려야 한다. '조물주 위에 건물주'가 있는 나라가 되어서는 안 된다. 주거비용이 최소한 소득의 30%가 넘지 않는 구조를 만들어야 한다.

출산과 양육을 위한 지원도 더 강화해야 한다. 문재인 정부 출범에 따라 올해 처음으로 도입된 아동수당은 현재 0~5세만을 대상으로 하고, 그마저도 상위 10%는 제외되었으며 10만 원에 불과하다. 이를 독일 수준으로 확대해나가는 것이 우리의 과제다.

육아휴직 등 여성의 육아부담 해소를 위한 제도적 보장도 강화해야 한다. 보장되는 육아휴직 기간 자체는 우리나라도 엄마와 아빠 모두 1년이라 선진국과 비교해 뒤지지 않는다고 하지만 현실은 엄마만 육아의 책임을 강요받으면서도 육아휴직을 제대로 보장받지 못한다. 독일 역시 경제활동은 남성 중심으로 이뤄지는 경향이 있다. 이에 독일은 부부 한 사람당 최대 12개월만을 사용하도록 해 부부가 육아휴직을 12개월 이상 쓰려면 반드시 남성이 육아휴직을 쓸 수밖에 없도록 했다. 보다 중요한 것은 독일 정부와 함께 경제계가 남성 육아를 적극적으로 권장해 출산율 상승에 애썼다는 점이다.

청년들의 삶이 보장되는 사회를 위해서는 일상에서의 더 많은 민주주의가 필요하다. '도전은 젊음의 특권'이라고 말하면서도 우리 사회 구조는 청년들의 다양한 욕구와 자율성을 억압해왔다. 청년들이 획일적 경쟁을 강요하는 사회 구조에 "아니오"라고 외칠 수 있어야 한다. 청년을 어리게만 보고 억압하는 가부장적 사회 분위기에 반대를 외칠 수 있어야 한다. 저출산 문제 역시 근본적으로 여성이 "아니오"라고 쉽게 외칠 수 있는 사회가 되어야 해결된다. 여성이 출산의 수단이 되는 사회적 인식 자체가 바뀌어야 한다. 출산과 양육이 여성만의 책임이 되는 사회가 아니라, 여성 스스로 출산의 권리를 누릴 수 있는 사회가 되어야 한다.

최근 한국에서는 청년수당, 아동수당에 대한 논란이 있었다. 보수 진영에서는 이를 두고 '망국적 포퓰리즘'으로 폄하했다. 하지만 독일의 사례에서 보듯이 청년에 대한 지원은 기회균등과 미래라는 측면에서 당연히 청년들이 누려야 할 권리다. 복지는 시혜가 아니라 공평한 기회를 위한, 그리고 미래를 위한 투자다.

우리네 청년들은 벼랑 끝에 서 있다. 결혼을 하고 아이를 낳으라고 종용하면서도 우리 사회와 국가는 청년들에게 힘이 되어주지 못하고 있다. 청년들이 꿈을 꾸고 그 꿈을 이룰 수 있으려면 희망의 사다리가 복원되어야 한다. 청년 혼자 노력한다고 되는 일이 아니다. 우리 사회 전체가 힘을 모아야 한다. 근원적으로 승자독식의 불평등 사회에서 사회적 연대를 통해 공평한 기회와 혁신을 추구하는 사회로 바꿔나가야 한다. 교육에서부터 노동, 복지, 부동산과 조세 등 근본적인 구조를 바꿔나가고, 문화를 바꿔나가려는 노력이 필요하다.

분단과 압축성장, 경제위기를 겪으며 한국 사회는 수많은 모순을 끌어안고 왔다. 그 수많은 모순은 해결의 실마리조차 보이지 않는 갈등과 양극화의 늪을 만들었고, 우리 청년들은 그 늪 속으로 빨려들어가고 있다. 정책결정자 한 사람이 해결하기에는 너무도 깊고 강력한

늪이다. 우리 사회 전체의 사회적 공론화와 합의를 통해 이 늪을 비옥한 땅으로 바꿔나가야 한다. 이를 위해 포괄적이고도 지속적인 노력이 필요하다. 이 과정은 결국 정치의 몫이다. 정치권에서의 적대적 경쟁 관계부터 허물고 합의제 민주주의에 기반해 지속적으로 일관된 개혁을 이뤄나가야 한다.

결국 문제는 정치다.

베를린 시내에 있는 유대인 추모공원 '홀로코스트 메모리얼'에서

나는 독일 정치인들과 지성인들에게 "오늘날 독일을 강하고 행복한 나라로 발전시킨 파워는 어디서 왔는가"를 물었다. 그들은 한결같이 "반성의 힘"이라고 대답했다. 독일 생활 1년은 나에게도 반성과 성찰의 시간이었고 미래에 대한 배움의 시간이었다.

지금 우리에게 필요한 것은 - 통합과 뚝심의 리더십

"김 지사, 돌아와줘서 고맙습니다."

민주당 경선이 한창이던 때, 전화기 너머로 짧은 한 마디가 들려왔다. 민주당 문재인 대통령 후보의 전화였다. 마치 탕자가 돌아와서 환영받는 기분이었다. 가슴이 쿵쾅거리기도 했다.

'내가 지난 5년간 마치 집 나간 자식 같은 모습으로 보이고 있었구나' 하는 생각이 들었다. 의도했던 바도, 진심도 아니었지만 나 자신이 가까운 이들에게조차 그렇게 보이고, 읽히고 있었던 것은 충격이었다. 나의 불찰이었다.

헌정 사상 초유의 사건인 현직 대통령 탄핵으로 제19대 대통령 선거가 조기에 치러지게 되었다. 나는 김대중 대통령, 노무현 대통령의 뒤를 잇고 촛불민심을 받들어 제3기 민주진보개혁정부를 만들 후보로 문재인 후보를 돕고자 결심했다. 특히 지난 2012년 대선 때 진 빚도 있었다. 나의 진심과는 다르게 비춰졌던 모습을 새롭게 정리하고 싶었다.

내가 문재인 후보를 돕기로 결심하던 날 밤, 노무현 대통령이 떠올랐다. 내 작은 힘이나마 보태는 것이 노 대통령이 바라는 모습일 것이다. 문재인 대통령 경선 후보 공동선대위원장으로서의 첫 일정은 보고 싶은 노무현 대통령님 내외분을 찾아뵙는 일이었다. 오랜만에 봉하를 찾아 노무현 전 대통령 묘소에서 인사를 드렸다. 이어 권양숙 여사님을 찾아뵀다.

"무엇보다 우리 김 지사가 이렇게 돌아와주시니 기쁩니다."

어떻게 문 대통령과 권 여사님이 이렇게 똑같은 말씀을 하실 수 있을까? 그날 나는 아무것도 할 수가 없었다. 왜 진작 찾아올 용기가 없었는가. 이후 나는 문 후보 당선을 위해 열심히 뛰었다. 하루 평균 400km를 강행군했다. 드디어 문재인 후보의 당선으로 제19대 대선은 끝났다.

1년 뒤 찾아온 2018년 지방선거에서도 나는 2014년 지방선거, 2017년 대선 때와 마찬가지로 영남 지역을 중심으로 최선을 다했다. 2012년 지역주의 극복의 시계를 거꾸로 돌렸던 잘못에 대한 사죄와 반성의 마음이었다. 다행히 문재인 대통령의 높은 국정 지지도에 힘입어 민주당은 압도적으로 승리했다. 특히, 경남과 부산, 울산의 승리는 감격스러웠다. 1990년 3당 합당 이후 지역주의에 기대온 낡은 주류의 해체를 알리는 순간이었다.

지방선거 결과는 문재인 대통령의 리더십에 대한 지지의 표명이기도 하지만, 반성 없이 선동적인 구호로 일관한 정당 정치에 대한 강력한 경고이기도 했다. 촛불혁명은 정치권의 깊은 반성과 새로운 대한민국을 향한 전방위적인 개혁을 요구했지만, 거대 야당인 자유한국당은 반성과 협력 대신 냉전시대의 낡은 이데올로기 정치에 기댔고, 결국 참패했다.

나는 독일 정치인들과 지성인들에게 "오늘날 독일을 강하고 행복한 나라로 발전시킨 파워는 어디에서 왔는가"를 물었다. 그들은 한결같이 "반성의 힘"이라고 대답했다. 악몽 같았던 나치 독일에 대한 자기반성이다. 빌리 브란트는 폴란드 바르샤바의 게토 추모비 앞에 무릎을 꿇음으로써 전 세계에 독일의 반성과 진정성을 알렸다. 나치에 저항한 레지스탕스였지만, 독일을 대표해 반성과 사죄를 보였다. 이 진정성이 없었다면 동방정책은 실현되지 못했을지도 모른다. 독일은 철저하게 잘못된 과거를 반성하고, 이에 기반해 미래로 나아가고 있다.

내가 다시 일어설 수 있었던 것도 반성의 힘이다. 잘못된 선택을 했다고 해서 그대로 멈추면 그 잘못은 영원히 남는다. 고단하고 지치더라도 반성하며 앞으로 나아가야 한다. 나는 한국사회, 우리 정치를 변화시키고자 하는 열망을 놓을 수 없었다. 또 다시 김포에서 도전에 나섰고, 우리 정치의 변화를 위해 뛰고 있다. 정치적으로도 본래 있어야 할 자리를 찾아가기 위해 노력하고 있다. 정치인은 멈추는 순간이 죽는 순간이다. 우리 사회를 바꾸고자 하는 개혁의 발걸음 역시 마찬가지다.

"개혁의 긍정적 결과는 3~5년 뒤에야 나타나는데, 국민은 그 전에 변화에 대한 두려움을 느낀다. 국익을 위해 정권을 잃거나 정치적 입지를 잃을 위험도 감수해야 한다."

유럽의 병자라고 불리던 독일을 바꿨다는 평가를 받는 게르하르트 슈뢰더 총리는 지난 해 방한길에 국회를 찾아 이렇게 말했다. 우리 사회의 변화를 위해서는 뚝심의 리더십으로 포기하지 않고 나아가야 한다.

하지만 무조건 밀어붙이기만 해서 안 되는 것이 개혁이다. 정치는 언제나 상대방이 존재한다. 적폐청산을 정치보복으로 왜곡하고, 복지확대는 포퓰리즘으로 매도하기도 한다. 우리 사회의 개혁과제는 어느 것 하나 쉬운 것이 없다. 장기적인 경제불황과 가계부채, 심각한 양극화와 갈등, 노동시장 이중구조와 청년 실업, 꿈이 실종된 교육, 분단의 질곡과 압축적인 성장의 반대급부로 누적되었던 문제 들이 심각한 상황에 처해 있다. 뚝심으로 개혁을 해나가야 하지만 사회적 합의 역시 중요하다. 그러자면 통합의 리더십이 필요하다. 지방선거에서 여당인 민주당이 압승했음에도 많은 전문가들이 여전히 협치를 강조하는 이유다.

"Merkel isst Alles(메르켈은 뭐든지 먹어치운다)."

'엄마Mutti' 메르켈은 그 별명처럼 따뜻한 포용과 통합의 리더십으로 독일 사회를 미래로 이끌고 있다. 나의 어머니가 강조하셨던 존중과 통합의 정신이다. 독일은 사회 연방국가에다 연정을 통해서 사회 갈등을 치유하고 미래로 가고 있다. 대한민국 역시 수많은 갈등과 문제를 해결하기 위해 경청의 열린 자세, 통합의 리더십이 필요하다. 나의 고집과 이익이 아닌 국가와 국민을 위한 양보와 타협이 필요하다. 대한민국은 또 다시 격변기에 들어섰다. 4차 산업혁명의 높은 파도와 한반도 평화를 향한 강력한 바람을 맞이하고 있다. 해왔던 대로 해서는 쓸려가기 십상이다. 파도를 넘고, 바람을 일으키기 위해서는 변해야 한다.

압축성장과 분단의 질곡에 의해 이어져온 낡은 체제와 주류는 우리 청년들의 고단한 일상과 꿈조차 꿀 수 없는 현실을 만들었다. 이 현실이 가져올 미래는 더욱 암담하다. 고통스럽더라도 낡은 체제를 바꾸고 청년들과 미래세대를 위한 새로운 길을 열어야만 한다. 이는 지난 시간에 대한 철저한 반성과 성찰, 포기하지 않는 끈질긴 뚝심, 그리고 사회 구성원 전체의 힘을 모으는 통합의 리더십이 있어야만 가능하다.

미국 오바마 대통령은 자신의 저서 《담대한 희망》에서 "내가 무엇 때문에 정치에 뛰어들었는지 항상 되새긴다"고 말했다. 정치 초심을 잃지 않기 위해 성찰하는 것이다. 나 역시 매일 기도하면서 "나는 왜 정치를 하는가"를 묻고 답한다. 깊은 성찰을 통해서만이 포기하지 않는 정의로운 용기가 나올 수 있기 때문이다.

나는 독일을 넘어서 모두가 잘사는 대한민국과 한반도 평화통일, 동북아 공동번영을 위해 '뚝심의 리더, 통합의 리더'가 되고 싶다.

"강물은 바다를 포기하지 않습니다. 강물처럼!"

노 대통령은 이 말을 즐겨 사용했다. 강물은 모든 시내를 품어 안고 바다를 향해 도도하게 흘러간다. 결코 멈추는 법이 없다. 수많은 고비와 난관을 뚫고 굽이굽이 돌아 결국 바다로 흘러간다.

노무현 대통령이 꿈꿨던 '사람 사는 세상', 새로운 시대를 위한 끝없는 의지를 받들고 새로운 유러피언 드림, 아니 코리안 드림을 향해 강물처럼 그렇게 '뚝심과 통합'으로 무장하고 내달리고 싶다.

출간된 책을 가지고 가장 먼저 달려가 만나고 싶은 두 분이 있다.
나에게 가장 큰 영향을 주신 분들이다. 하지만 두 분 모두 하늘나라
에 계신다. 나의 어머니와 노무현 전 대통령이다. 그들이 보고 싶다.

나의 인생에 큰 울림을 준 사람은 어머니다. 내가 초등학교 4학년
때 아버지를 여의자 어머니는 가난 속에서도 온갖 역경을 딛고 자녀
들을 훌륭하게 키웠다. 어머니는 항상 나에게 "언덕은 낮춰 봐도 사
람은 낮춰보면 안 된다"고 가르쳤다. 또 "두관아! 왜 귀는 두 개인데
입은 하나인지를 알아야 한다"고 말씀하셨다. 어머니는 항상 겸손과
경청의 미덕을 강조했다. 상대방을 존중하고 포용하라고 가르쳤다.
어머니의 가르침은 가진 것 없던 내가, 엘리트 주류와 거리가 멀었던
내가, 아래에서부터 풀뿌리 민주주의를 실천하면서 지금의 내가 될

나와 대한민국의 새로운 미래를 위한 길을 보다

분단과 압축성장, 경제위기를 겪으며 한국 사회는 수많
은 모순을 끌어안고 왔다. 청년들은 벼랑 끝에 서 있다.
결국 문제는 정치다. 지금 우리에게 필요한 것은 낡은 시
대의 주류 교체를 위한 대한민국의 새로운 플랫폼이다.

수 있도록 한 원동력이었다.

또 노무현 대통령은 나에게 용기와 꿈을 주었다. 지역주의라는 벽을 깨부수고 사람 사는 세상을 위해 헌신하는 정신을 가르쳐주었으며 내가 성장할 수 있는 기회를 주었다. 7전 8기의 굴하지 않는 용기와 우리 사회의 변화를 위한 목표를 가지게 한 것이다.

노무현 대통령과 어머니가 꿈꿨던 세상을 만들어가는 데 나의 정치 인생과 내 책이 기여하길 바란다.

나는 정치를 하면서 수많은 동지들과 지인에게 이루 말할 수 없는 도움을 받았다. 그들에게 무한한 감사를 보내며 좋은 정치를 위한 다짐을 약속한다. 특히 새로운 정치인생을 시작하게 해준 김포시민과 김포의 동지들에게 깊은 감사의 인사를 전하며, 큰 사랑을 주셨던 경남도민, 경남의 동지들에게 미안함과 감사를 전하고 싶다.

또한 1년 동안 독일에서 체류하도록 도와준 독일 사민당의 에버트 재단 관계자들과 베를린 자유대 이은정 교수, 모슬러 교수, 김영수 조교 등에게도 감사드린다. 통일 과정에 대한 상세한 설명과 깊은 혜안을 준 구동독의 마지막 총리인 한스 모드로프 총리와 메지에르 총리에게 지면을 통해 고맙다는 말을 전하고 싶다. 독일 방문 기간에 큰 도움을 준 김상국 박사, 분데스라트, 각 주 대표부, 프라운호퍼 연구협회, 미텔슈탄트 대학, 지멘스, BMW 등 많은 기관의 관계자들에게도 감사드린다.

한국 재벌개혁의 선구자로 독일 체류 동안 많은 영감과 가르침을 주었던 '개혁적 진보의 메아리' 故 김기원 방송통신대 교수, 함께 베를린 자유대 연구실을 쓰며 독일의 경제 시스템을 비롯해 독일 사회를 이해하는 데 많은 도움을 주었던 김강식 한국항공대 교수에게도 깊은 감사를 드린다.

늘 따뜻한 마음으로 독일 생활에 정말 많은 도움을 주었던 김정삼, 이문삼 선배를 비롯한 많은 교민들, 넉넉한 인심을 보여주었던 현지 주민들에게도 깊은 감사를 드리고 싶다.

또한 책을 완성할 수 있도록 아낌없이 지원해준 독일 전문가 경기대 김택환 교수, 그리고 나의 정치적 동지이자 나를 위해 헌신해주고 있는 보좌진들에게도 감사를 드린다. 멋진 책 출간을 위해 애써주신 고세규 대표이사, 편집진과 디자이너 등 출판사 관계자들에게도 고맙다는 말을 전한다.

마지막으로 온갖 역경에도 묵묵히 지원하고 힘을 보태준 사랑하는 나의 가족, 특히 나의 아내에게 사랑한다는 말을 하고 싶다. 나의 아들딸에게 언제나 비겁하지 아니하며 용기 있는 아빠로 기억될 수 있기를 바란다.

2018년 7월 국회에서

김두관